聖書を読んだサムライたち

天を想う生涯

キリシタン大名　黒田官兵衛と高山右近

守部喜雅

いのちのことば社 フォレストブックス

はじめに

これはNHKのホームページに載っていた記事です。NHK大河ドラマ「軍師 官兵衛」について、こんな紹介がありました。

人は殺すより使え――黒田官兵衛《かんべえ》は、戦国乱世にあって一風変わった男だった。生涯五十数度の合戦で一度も負けを知らなかった戦《いくさ》の天才だが、刀・槍や鉄砲ではなく、智力で敵を下す、それが官兵衛の真骨頂。信長、秀吉、家康の三英傑に重用されながら、あり余る才能がため警戒され、秀吉には自分の次の天下人とまで恐れられた男。それでも乱世を見事に生き抜き、九州・福岡藩五二万石の礎を築いた男、（中略）黒田官兵衛である。和歌や茶の湯を愛した文化人であり、敬虔なキリスト教徒として信仰を貫き、側室を持たずただ一人の妻と添い遂げた律儀な男……。

（NHK公式ホームページ「軍師 官兵衛」企画意図より）

大変興味ある紹介でありトピックスです。あの稀代《きだい》の軍師と言われた黒田官兵衛が、キリシタン大名だったというのは驚きです。しかも、当時、大名が多くの側室を侍《はべ》らせていた時代に、ただ一人の女性を妻として愛し添い遂げた……。

乱世の時代、清廉な生き方を求め、それまでの日本人にはなかった、〝天を想う生涯〟を全うしたキリシタン大名・高山右近。そして、彼に導かれた黒田官兵衛――人々の心が乱れ、将来の展望も定かでないまま混迷する今の時代に、この二人の生涯の真実はどのようなメッセージを発信するのでしょうか。

これまで、一部の歴史家にしか分からなかった戦国時代のキリシタンの様相が、当時日本に来た宣教師ルイス・フロイス著『日本史』の邦訳によって、現代によみがえりました。本書は、幻の資料と言われ長く歴史の闇に葬られていた『日本史』を引用・参考にしながら、キリシタン大名が生きた時代の光と影を追ってみたいと思います。

目次

第一章　官兵衛の危機

キリシタンとの出会い

　黒田官兵衛は、いつ頃、キリスト教に触れたのか——作家・司馬遼太郎は、年齢的には二十歳前後、おそらく、当時の自由都市で外国人の行き来も盛んだった堺の町や京の都で、その出会いは起こったのではないかと推測しています。


「この若い播州の土豪の子が、京へのぼろうとおもった理由の大きな部分は、かれの想像を越える世界が、堺や京にまできているということなのである。

　キリシタンのことであった。

　官兵衛はかねてより、キリシタンのことをしばしば耳にし、そのうわさを、耳を鋭《と》ぐようにして聴く傾きがあった。

『いままでの日本は狭かった。ひろい世界が日本にやって来ている』

　というのが官兵衛の感想だが、このようにして整理してしまえば、官兵衛の実感から程遠い。

駆け足人物伝

黒田官兵衛
（一五四六〜一六〇四）


　一五四六(天文十五)年、小寺職隆《こでらもとたか》の長男として姫路城で誕生。名は孝高《よしたか》。父の職隆は御着《ごちゃく》城主・小寺政職《まさもと》に仕える姫路城代。六二（永禄五）年、元服して官兵衛と名乗る。その後、織田信長の臣下として、各地で戦闘に加わる。八〇(天正八)年より、黒田姓を名乗る。

　八三（天正十一）年、キリスト教の洗礼を受ける。八六（天正十四）年から九州の役が始まると

――それそのものが世界なのだ。
という直感が感動を生み、キリシタンの信仰と思想、あるいは思想像の装飾としての異国の神の名、異国のことば（中略）僧侶（司祭／編集部註）たちが自分に課している厳格な戒律と敬虔《けいけん》さとそして他人に対するやさしさ、さらにいえばかれらが万里の波濤《はとう》を冒してやってきた勇敢さといったようなもののすべてが官兵衛の心をとらえていた」（司馬遼太郎「播磨灘物語」）

この文章には少し説明がいるでしょう。官兵衛が播州（兵庫県南西部）姫路にいた頃の話で、キリシタンのうわさを耳にしていただろう、というのには次のような当時の状況を考える必要があります。

十六世紀後半、ポルトガルの援助を背景に来日していたイエズス会宣教師たちは、織田信長の知遇を得て、その活動範囲を京都、大坂へと広げ、一五六三（永禄六）年には松永久秀の臣下で、奈良県の沢城を委ねられていた高山飛騨守《ひだのかみ》が、イエズス会宣教師ヴィレラより洗礼を受けています。この飛騨守の長男が高山右近（幼名・彦五郎）です。翌年、飛騨守

秀吉の先鋒として西方へ出陣、この頃、兵士らにキリスト教宣教師の説教を聞かせる。八七（天正十五）年には、嫡子・長政《ながまさ》、大友義統《よしむね》、小早川秀包《ひでかね》らが受洗。同年、豊前六郡を与えられ、伴天連追放令後は宣教師たちを保護した。九二（文禄元）年、朝鮮に出兵。一六〇〇（慶長五）年の関ヶ原の戦後は豊後の領主に。一六〇一（慶長六）年、筑前博多に移り、後継ぎの長政に五二万石が与えられる。一六〇四（慶長九）年、伏見の藩邸で死去。享年五十九歳。

江戸時代初期に描かれた「南蛮屏風」。南蛮船が来航し、多くの南蛮人が町を歩いている。この時代、交易都市・堺は日本における最先端の町だった。堺市博物館所蔵

の家族、家臣ら百五十名が洗礼を受けた時、十二歳の彦五郎もそのなかの一人でした。

官兵衛が、堺や京に向かったのは、一五六五（永禄八）年三月、と司馬遼太郎の小説には記されています。高山飛騨守がキリシタンになり、その長男・右近が洗礼を受けたといううわさは、当然、姫路にも伝わっていたはずです。そして、その二年後、官兵衛は、親の許しを得て、堺や京に赴いたことになります。

官兵衛が、訪れた頃の堺は、自由都市の名にふさわしく、海外との交易で活気にあふれ、都を追放されたイエズス会宣教師ヴィレラや、日本人修道士ロレンソ了斎《りょうさい》も活動していました。

その堺の町に、日比屋《ひびや》ディエゴ（了珪《りょうけい》）と呼ばれたキリシタンがいました。その娘モニカも熱心な信

者で、そのたぐいまれな美貌《びぼう》ゆえに多くの男性から求婚されていました。ちなみに、モニカは洗礼名です。

そこに、誘拐事件が起こったのです。町の有力者の息子・宗札《そうさつ》が、モニカを慕うあまり、武装した部下に命じて彼女を拉致《らち》したのです。堺の町は騒然となります。人々は、キリシタンが町にいるからこんな騒ぎになったと宣教師たちを責めます。父親のディエゴは、娘の救出を試みますが武装集団に阻まれます。

その窮地のなか、モニカは必死になって祈ります。そして、秘かに宣教師宛てに一通の書状を届けたのです。その書状の内容は次のようなものでした。

「私は、はなはだ罪深く、そのために伴天連様方や御両親様、親戚の方々に、こんなにも多くの悲しく不快の念を起させ申すに至ったことに衷心から心を痛めております。ですが我らの主なるデウス様がその御恩寵と御扶《たす》けによって私に味方し給うことを確信なさるべきでございます。なぜならば、私はどんなにか大きい苦しみにあい、そして宗札様が幾度か、刀や短刀を私の喉《のど》もとに突きつけましたが、私はデウス様への明らかな冒瀆《ぼうとく》であることが判っていることを認めるよりは、むしろ死を選ぼうと堅く決心しているからでございます。それゆえ私は、キリスト様の代理者であられる伴天連様方や、父上様がお勧め下さることのほかは何もいたしませぬ」（ルイス・フロイス『完訳フロイス日本史』②巻）

この手紙が発端となり、宣教師のとりなしもあり、宗札側にも変化が見られました。モニカを解放したのです。宗札は、それまで分からなかったモニカの真実な姿を、その心の思いを知ることになります。そして、心を入れ替え、デウスのことを学ぼうと決心します。後に、彼は洗礼を受けルカスという新しい名前をもらい、モニカを正式に妻として迎え入れることができたのです。

その後の宗札について、『日本史』にこんな記述があります。「彼は信心の業に非常な熱意を示し、司祭たちとも親しく交わって、時の大部分を教会で過ごす有様であった。彼は布教《ふきょう》のことに大いに熱意を抱き、（中略）貧民に大いに同情を寄せ、窮乏している人たちを喜んで自宅に引き入れた。また彼は若く、堺の悦楽と紊乱《びんらん》の中で育てられたにもかかわらず、はなはだ品行方正に生き（中略）た。彼はデウスのことを聞くのを喜び、一度もミサや説教に与《あずか》ることを欠かさず、そうした教科的模範を死に至るまで示

した」（ルイス・フロイス『完訳フロイス日本史』②巻）

これは、官兵衛が訪れた堺の町で実際に起こった愛の奇跡とも言うべき出来事でした。

✠荒木村重の謀反

ルイス・フロイスの『日本史』によりますと、官兵衛は高山右近に導かれ、三十八歳の頃に大坂の教会で洗礼を受けたことが分かります。天正十一年のことです。しかし、二人の出会いはそれよりだいぶ前からすでにありました。

右近と官兵衛は若き日から、同じ主君に仕える身でした。ですから、この二人は、様々な場面で、その生き様が交叉しています。官兵衛と右近にとって、織田信長が主君であり、信長の臣下である荒木村《むら》重《しげ》は上司といったところでしょうか。

その中でも、二人にとって、人生の分岐点ともなったのが、官兵衛の「有岡城幽閉《ゆうへい》事件」です。二人の上司である荒木村重が織田信長に謀反《むほん》を起こし、官兵衛は有岡城に幽閉され、右近は、キリシタン迫害を仄《ほの》めかされ窮地に立たされます。

その時、官兵衛三十二歳、右近二十六歳でした。

戦国は乱世の時代です。各地の豪族が権力争いをする中、のし上がってきたのが、安土城主・織田信長でした。

やがて彼の野望は全国支配へと膨らんでくるのですが、そのために彼の前に立ちはだかった最大勢力が、中国地方を制圧していた毛利の軍勢です。しかも、中国地方への道は、摂津《せっつ》を通らなければなりません。摂津とは、現在の、大阪府北中部、兵庫県南東部に当たります。

当時、信長の命で、摂津一体の支配をまかされていた荒木村重は、人生の岐路に立たされていました。このまま、自分の人生を信長にすべて委ねても大丈夫なのか。中国支配を遂げた毛利藩の勢いはすさまじく、荒木の寝返りを期待する声も大きく、一向宗《いっこうしゅう》が支配する石山本願寺の勢力もあなどれないものとなっていたのです。

村重の陣営にはかなりの一向宗信徒がいたこともあったのでしょう。村重は信長が根絶やしにしようと考えていた一向宗信徒を守るため、孤立する石山本願寺への食料補給を秘密裏《り》に始めています。もっとも、これは村重が率先してやったことではなく、一向宗に共鳴する部下のなかに石山本願寺の窮乏《きゅうぼう》を見て秘かに物資を調達する者がおり、それを知った村重が、信長にそれを弁解しても、決して許されることはないと覚悟、謀反《むほん》に踏み切ったという説もあります。

石山本願寺は現在の大阪城がある場所にありました。本願寺という名称ながら、武装した門徒衆《もんとしゅう》の集まりで、宗教団体というより、世俗的な政治集団とも言える一大勢力で、大坂の地を征服支配しようともくろんでいた信長にとって、絶対に倒さなければならない相手でした。

本願寺は、法然《ほうねん》を開祖とする真宗の流れで、本来、信仰集団でありながら、戦国時代、顕如《けんにょ》の時代には、一大武力集団としてその勢力を延ばしていたのです。一向宗（本願寺）は阿弥陀如来《あみだにょらい》を宇宙の絶対的存在と信じ、人間はそれを信じそれにたのみ、それが持つ本願に救われることを喜ぶという教義だけに、阿弥陀仏と自分だけの関係しかなく、たとえば、地上の一番の権威である領主が介入してくる余地はありません。

ですから、一向宗徒にとって、織田信長は絶対的君主とはなり得ません。信長にとって、はなはだ厄介な相手であり、各地で起こった一向一揆を狂ったように迫害した信長には計りしれない恐れがあったと考えられます。

信長は、石山本願寺に総攻撃を開始します。本来ですと信長に摂津の支配をまかされた村重は、誰よりも先に、その総攻撃に加わるべき立場にありました。しかし、すでに、石山本願寺に助けを出した村重にとって、もう引き返すことができない状況に立たされていました。

謀反の気配があるだけで、信長は、絶対にその臣下を赦しません。信長の、嫉妬深さと残酷さを身にしみて知っていたのが村重でした。

✠官兵衛の苦悩

一方、自らが仕える村重が主君の信長に反旗を翻《ひるがえ》したことを知った時、官兵衛は苦悩します。なんとしても、危機を切り抜けなくてはなりません。当時、御着《ごちゃく》城城主・小寺政職《まさもと》に姫路城をまかされていた官兵衛は、村重説得の大任をまかされ、村重の摂津《せっつ》の主城・有岡城へと向かいます。ここは地理的には、現在の伊丹市に当たります。

しかし、官兵衛が有岡城へ出発する前に、政職は村重へ急使を走らせています。「あなたの方へ官兵衛をやった。有無を言わさず殺してもらいたい」

急使に持たせた書状には恐るべき内容が記されていました。小寺政職の命に従って村重説得工作に乗り出した官兵衛、しかし、その政職自身はすでに村重と通じていたのです。

官兵衛は子供の頃から、政職に仕え、骨身を砕いて尽くして来たにもかかわらず、非道な権力争いの犠牲になろうとしていました。

ここで、戦国時代における、人間の上下関係について考えてみたいと思います。現代人の常識では計り知れない世界がそこにはありました。

優美な姿の姫路城。官兵衛の住んだころは、もっと小さな規模だった。後に官兵衛が改修にかかわった区域には、十字架のついた瓦が残っている（左円内）。写真：姫路市役所提供

その前に、後の徳川幕府下における上下関係についてふれます。たとえば、藩士は藩主のため命を捨てることが最も名誉ある武士の姿だと考えられていました。高崎藩士の息子で、江戸の藩邸で生まれ育った内村鑑三は封建社会の不条理に怒りさえ感じながら自伝の中でこう語っています。

「藩主には忠義を、親と師には忠誠と尊敬を、これがシナ（中国）道徳の中心課題である。東洋の道徳によれば、親の横暴や圧政さえ、すなおに忍ばねばならなかった。危機存亡の場合には、主君のために、おのが生命をちりほどにも軽く考えねばならない。彼の最も高貴な死場所は、主君の馬前であり、おのが屍《しかばね》が君の馬蹄《ばてい》にかけられることは、彼にとって無上の栄誉であった」（亀井勝一郎編『現代日本思想体系⑤』）

少なくとも、徳川二百六十年の歴史のなかで、内乱もなく幕藩体制が守られた陰には、この主君に絶対忠誠を尽くす、という精神風土が生きていたのです。

ところが、戦国時代にまでさかのぼると、そこは乱世です。元々、地方の豪族が国盗《くにと》り合戦をしてきたのが戦国時代です。強い勢力が現れると、それまでの忠誠心は消え、自分に有利だと思うと、それまでの敵とも手を結び、主君に謀反《むほん》を起こすことなどは世の常でした。ですから、荒木村重の謀反は、必ずしも特別なものではありません。

京都に登場したキリスト教会「都の南蛮寺」
神戸市立博物館蔵

戦国時代の勢力図は、千変万化、織田方についていたはずの小寺は、すでに毛利方への寝返りを画策し、信長に忠誠をつくす官兵衛は邪魔者となっていたのです。

それとは知らず、官兵衛は、村重を説得するため、有岡城へと向かいます。


伊丹の城下に入った官兵衛を待ち受けていたのは、当の村重ではありませんでした。有岡城の城門で番兵に名前と用向きを告げると、突然、あたりは騒然となりました。目指す村重の姿はなく、大勢の兵士が官兵衛を取り巻いたのです。

一人が背後から組みつき、他の者が持ち物を奪い、さらに外の兵士が縄をかけたのです。その場で、官兵衛についていた連れの者の一人は、「逃げよ」との命令に従い、逃亡します。

その後、官兵衛は、荒木村重の前に引きだされることもなく、牢にほうりこまれたのです。官兵衛・人生最大の危機を迎えていました。

✠高山右近の決断

この頃、伊丹にある有岡城から程遠くない高槻《たかつき》城では、もう一人の城主が、村重の謀反《むほん》のために苦渋の選択を迫られていました。

村重の謀反を知った信長は、村重の支配下にあった高山右近が城主の高槻城と、中川瀬兵衛が城主の茨木城を攻撃する指揮を自ら取るつもりでした。高山右近も中川瀬兵衛も荒木村重の一族で、二人は村重の家来であることには変わりないのです。ですから、右近の立場は実に微妙で、特に、右近はその子息を人質として村重に預けている関係上、信長の村重征伐に簡単にはくみすることはできません。

信長は右近を調略《ちょうりゃく》しようとします。戦国時代の資料には、よく「調略」という耳慣れない言葉が出て来ます。調べてみたら、敵である相手を説得して味方につけるか、さもなくば相手がこちらに攻撃してこないという約束を取り付ける、といったことが「調略」という意味だとか。

信長は右近が熱心なキリシタンであることを知っていました。高槻城内には、壮麗《そうれい》な礼拝堂があり、当時、二千人を越えるキリシタンが高槻城下にはいたと言われています。信長は、そこを衝《つ》いたのです。

「降伏しなければ、キリシタン宗門をことごとくつぶす」

この時期、信長は、官兵衛の方は完全に見捨てていたと考えられます。官兵衛は、命がけで村重陣営に説得のため有岡城に乗り込んだのですが、信長の目には、有岡城に赴《おもむ》いたまま帰ってこない官兵衛を、村重側に寝返った裏切り者と見ていたのです。ですから、人質に捕られていた松寿丸《しょうじゅまる》（後の長政《ながまさ》）の命運も信長の手中にありました。

もっとも、官兵衛以上に、苦境に立たされていたのは右近の方かも知れません。降伏しなければ、信長は日本中のキリシタンを弾圧するというのです。しかし、右近も荒木村重に対しても人質を出していました。自分の長男と妹たちです。信長に降伏すれば、荒木は右近の人質を殺すでしょう。右近の母は、「信長に従ってくれるな」と嘆願します。なによりも、その娘たちの命を救いたかったのです。

右近の悩みは深刻でした。キリシタンの彼にとって、このような時の相談相手は、イエズス会の宣教師たちでした。当時、京都にいたオルガンチノ修道院長に密使を送ります。

オルガンチノは、イタリア出身のイエズス会士で、一五七〇（元亀元）年に日本に来ていました。彼は、陽気なイタリア人気質で人に好かれるタイプだったようで、信長の保護と京都所司代の村井貞勝の援助を得て、京都に南蛮寺（教会堂）を建てています。その費用は、近畿にいる二万の信徒の献金によって建立されたと言われており、落成したのは、天正五（一五七七）年のことでした。

しかし、驚いたことに、信長が右近を調略しようとした時、真っ先に、信長はオルガンチノを呼び出していたのです。右近の調略《ちょうりゃく》は困難と見ていたのでしょう。オルガンチノを通して右近を説得する道を探っていました。

信長の呼び出しで、摂津《せっつ》の天神の馬場の陣営にオルガンチノが駆け付けた時、信長は、自分の居る所に入れ、そこにジュウタンを敷かせて、司祭を坐らせ、眼に涙を溜《た》めるようにして、オルガンチノに語り始めた、と言われています。

当時の、信長の心境は、絶対に荒木村重の謀反《むほん》を赦すことはできない。もし、右近が村重に付くなら、戦術的にも大きな痛手であり、それも絶対に阻止しなければならない。しかし、右近を心から信頼していた信長は、右近の窮地も痛いほど理解できたようです。その時の信長の心情をルイス・フロイスは『日本史』の中で、こう記しています。

「(信長は) 眼に涙を溜めるようにして彼(司祭)に語り始めた。彼は我ら(キリシタン)の教えの数々の良きこと、右近殿の他の多くの美点、その稀有《けう》の性質について話し、彼(右近)が示した働きぶりを

駆け足人物伝

高山右近
(一五五二〜一六一五)

一五五二(天文二十一)年、高山飛騨守の長男として摂津《せっつ》高山に生まれる。六四(永禄七)年に受洗。七三(元亀四)年、高槻《たかつき》城主になる。同地に教会を建設したほか、京都南蛮寺建立に貢献。主君・荒木村重が織田信長に謀反、臣下の右近は苦境に立たされるも難を逃れ、八二(天正九)年、本能寺の変では明智光秀討伐に加わる。その後、山崎の戦いなど数多くの

司祭に対し詳述した。信長は、右近殿が人質の障害さえなくば、自分の味方となりたがっていることをよく承知していると言った。そして荒木が人質を殺す事がないよう、その点に関してはきわめて慎重に振る舞っていると言い、人質を奪回する方法を司祭と協議した。その方法とは、信長の掌中にある荒木の他の人質と交換することであった。なお彼は、荒木が人質の交換に応じようとせぬ場合、人質を失って右近殿が世間で有していた名誉と評判を失墜《しっつい》することがないよう、日本全国の王であり主である内裏《だいり》（天皇）に乞うて都の市《まち》と堺のすべての門に掲示させ、とりわけ右近殿が人質を失ったのは、彼の野心や卑劣によるものでなく、自らの主君への義務を果たさんがためであり、彼は荒木が信長に叛旗を翻すことがないようにとの忠誠心から人質を荒木に渡したのである、と言明するよう尽力すると言った」（ルイス・フロイス『完訳フロイス日本史』③巻）

実は、オルガンチノが右近に会う前に、右近は有岡城に赴き、村重に最後の説得をしていました。それは決死の覚悟でした。行く前に、父のダリオ飛騨守《ひだのかみ》に「たとえ、磔《はりつけ》にされても、私は理性と良心の命ずる所に

戦で武功をあげた。八五（天正十三）年、秀吉の出した伴天連追放令に先立ち、キリシタン故に追放の身となり、加賀藩前田利家《としいえ》の家臣となる。金沢では、宣教師を招き伝道活動を続ける。大坂、京都で積極的に伝道活動をするが、九七（慶長二）年、秀吉の命により、二十六人のキリシタンが長崎で殉教。

一六一四（慶長十九）年、徳川家康がキリシタン禁教令を出し、右近はマニラへ追放される。翌年、死去。享年六十三歳。

従って主張しつづけます」と、その心境を漏《も》らしています。そして、この時、証として、みずから進んで妹と三歳の息子を、村重に人質として差し出していたのです。

ですから、信長の命を受けオルガンチノが説得に来た時、右近の心は引き裂かれるような思いだったでしょう。

「主君の信長殿を裏切るのは正義に反します。しかし、ユスト殿(右近)自身が祈って決断してください」。宣教師オルガンチノにとって、信長に反旗を翻《ひるがえ》すなら、それはキリシタン迫害につながります。ですから、それをどうしても阻止したい、だから、信長に忠誠を尽くしてほしい、それがオルガンチノの本音だったでしょう。しかし、最終結論は、祈りによって、右近が神（デゥス）の導きを求めるようになりがしています。

右近が苦しみながら考え抜いて出した結論は、右近自身が身分と城を捨て、一介の平民となるということでした。仏門で言えば乞食僧になるということです。キリシタンの彼は、一介の信徒として、漂泊する生活の中で、平信徒のキリシタンとして身を立てて行こうと決心し、信長の前に身を投げ出したのです。

ここに、右近が、決断した後、高槻《たかつき》城の主だった家臣と城の長老たちを集めて語った右近の心境が記録として残っています。少々長い文章ですが歴史的に貴重な記録なので、全文を紹介します。

「御身らは、予が幼少時からキリシタンであることを皆よく承知であり、予の庇護《ひご》のもとに一同もそのようになったことも知っている。ところで、これは予がデウス（神）から蒙《こうむ》ったあらゆる御恵みのうちで最大のものであるから、それを認め、主に感謝することはつねに予の願望であった。

したがって今、予に与えられた好機に際し、伴天連（カトリックの宣教師）たちをそのいとも恐るべき生命の危険から救い出し、解放するために全力を傾倒することは、予のデウスに対する聖なる謝恩のための義務であると考える。伴天連たちはいとも寛大に、郷里、母国、いっさいの財産、友人、親族を、もっぱら我らの霊魂を救うために放棄したのである。

予は当都地方のキリシタン宗門が予のために滅びることがないようにすることがいかに重要であるかをさらに考慮し、しこうしてその際、我らの聖なる信仰の名誉と全キリシタン宗門の幸福を促進せしめる方法を思い合わせるならば、予は、我らに対する愛から、そして我らを救おうとの熱意から、栄光を捨てて人間となり給うた主（イエス・キリスト）に対する愛により、すべてを犠牲にする以外に、なんらより適切で効果的な方法を見出さぬのである。

御身らは、予に捧げた愛と忠誠のゆえに、これを堪えがたく痛々しく受け取ることを十分承知してはいるが、デウスとその教会の名誉が求めていることに御身らが目を向けることは、御身ら自身の嗜好《しこう》なり慰安よりもいっそう重要なことである。したがって、御身らにとっても、また、予にとっても、もっとも大切なことを諒解してもらいたい。そこで予は、己がすべての所領を断念し、父母、妻女、兄弟姉妹、親族、ならびに予の立身を助けた御身ら一同の許を去り、剃髪《ていはつ》して教会への奉仕に赴かざるを得ない」（ルイス・フロイス『完訳フロイス日本史』③巻）

右近が信長の前に恭順《きょうじゅん》を示す為に現れた時、身につけていたものを形見としてすべて家来たちに与えており、頭を剃り、粗末な紙衣《かみこ》を着て、足には藁草履《わらぞうり》をはき、もちろん、身に刀も帯びてはいませんでした。

それは、高山家の当主の地位を父の飛騨守に帰すことでもありました。そして、父・飛騨守は、有岡城に入り、右近がすべての身分を捨てたことを告げ、人質の解放を求めたのです。

荒木村重は、高山飛騨守がキリシタンになった時、その教えに自らも共感した節があります。ですから、人質を殺すことに躊躇《ちゅうちょ》したことでしょう。人質は無傷で解放されたのです。しかし、右近の父は、村重に、人質解放という温情を求めた故に、信長の怒りにふれ、越前（福井）に追放の身となり、一線から消えて行くこととなります。

右近の恭順によって、高槻《たかつき》城は開城します。城を信長に明け渡したのです。それを見て、荒木村重方の防衛力の過半が崩れたと思ったようです。信長は、よほどうれしかったのでしょう。自分の側《そば》にあった刀を右近に与えます。しかし、その時は、刀を捨てた身です。右近はこの信長の好意に、一瞬とまどいますが、やむなく拝領します。

それどころではありません。信長は、右近の旧・二万石に加え、さらに二万石を加増したのです。右近は窮地を脱しました。

一方、黒田官兵衛の人質はどうなったでしょう。官兵衛は信長に恭順を示す為、長男の松寿丸《しょうじゅまる》を差し出していました。有岡城に説得に行ったはずの官兵衛が帰って来ないことから疑心暗鬼になった信長は、ついにしびれを切らし、「松寿丸を殺せ」と命じます。

その頃、松寿丸は、羽柴秀吉のいた近江（滋賀県）の長浜城に身を寄せていました。幸いだったのが、その松寿丸の世話をしていたのが、官兵衛の無二の親友、竹中半兵衛だったことです。半兵衛は、信長に偽りの報告をしてまで、松寿丸の命を守り通します。この松寿丸が、後に、官兵衛の後継ぎとなった黒田長政《ながまさ》です。

これは、ずっと後の話になりますが、一六〇〇（慶長五）年、関ヶ原の戦いの時、徳川家康の側についた長政は大活躍をします。元々、豊臣秀吉の家臣だった長政でしたが、秀吉の死後、秀吉の遺児であ

竹中半兵衛像（禅幢寺所蔵／ウィキペディア提供）

る秀頼を一介の大名の位置にまで落とし、豊臣家を裏切ることになります。ここにも、乱世の故の悲劇があると言えましょう。

✠有岡城幽閉

黒田官兵衛が、有岡城へ向かい、幽閉《ゆうへい》されたのは、一五七八（天正六）年十月下旬のことでした。牢は城の北西隅にあって三方を竹やぶに囲まれて陽の射すこともない薄暗い場所です。そばには池があるため、湿気がひどく、じめじめした空間で、雨が降れば牢内は三日も水気が去らない日もありました。

獄に閉じ込められて、ほどなく冬がやって来ました。格子から吹き付ける北風をさえぎる物はなにもありません。さらに、入牢して悩まされたのは、蚊としらみです。官兵衛はかゆみに身を悶《もだ》え、掻《か》くと皮膚や毛髪がボロボロと落ちます。皮膚病が全身を覆い始めます。時を経るに連れ、まず脚が萎《な》え、もはや腰をあげて立ち上がることもできなくなりました。

食事係が、飢えをしのげるだけの飯を運んではくれますが、村重からの働き掛けは全く見られません。かさぶたのため頭髪はかなり抜け落ちてしまいました。右まぶたが腫《は》れ、視力もすっかり落ちました。一日一日が、死と隣り合わせの状態です。「死んでなるものか」という生への執念だけが官兵衛を支えていたのです。

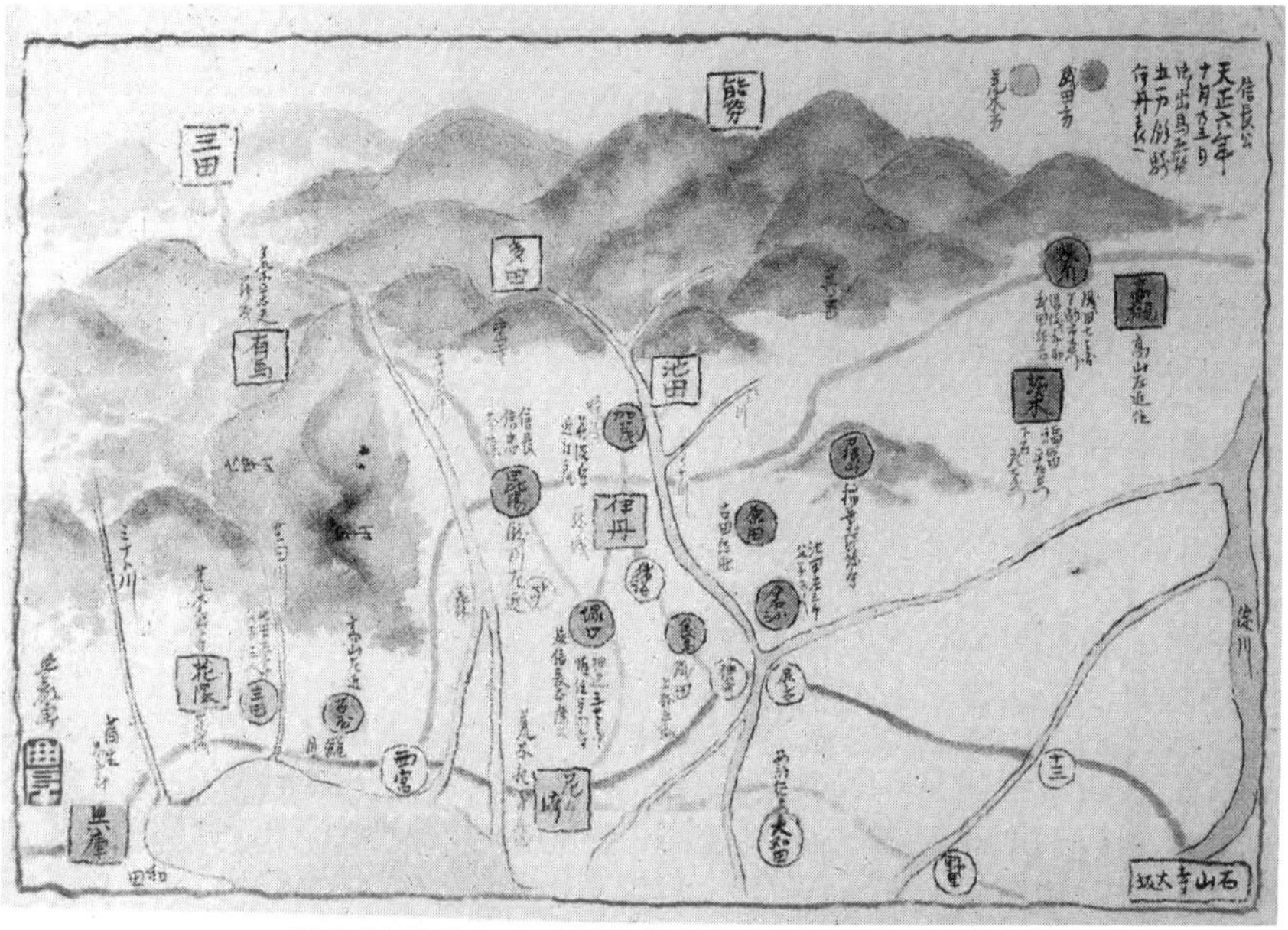

『伊丹荒木軍記』には、有岡城（伊丹城）を中心に周辺の主要拠点が書きこまれている。
伊丹市立博物館所蔵。ウィキペディア提供

そういう時、官兵衛にほのかな光が差し込んできたのです。それは、小さな藤の芽の成長する姿でした。格子越しに見上げる牢のひさしに、ぽつんと薄紫色のいのちが膨らみ始めていました。

順境の時には、気づきもしなかった小さないのちの輝きです。今、逆境の中にある官兵衛にとって、それは、生き長らえたいと願う自らのいのちそのもののように思えたのです。

「その青い生きもののむこうに小さな天があり、天の光に温められつつ、伸びることのみに余念もない感じだった。

官兵衛は、うまれてこのかた、生命というものをこれほどのつよい衝撃で感じたことがなかった。その者は動く風のなかで光に祝われつつ、わくわくと呼吸しているようであり、さらにいえば、官兵衛に対して、生きよ、と天の信号を送り続けているようでもあった。

官兵衛は、神《デウス》を信じていた。しかしそれが神の信号であると思う以上に、ごく自然な感動が湧きおこってしまっている。官兵衛という生きた自然物が、他の生命から生きることをはげまされているという感じであり、その感動が重なり重なって、そのことに馴れてから、（これは、神《デウス》の御心ではないか）と、解釈するようになった。解釈が成立して、官兵衛の心が落ち着いた」（司馬遼太郎『播磨灘物語』）

この藤の花が教えてくれた〝いのちの体験〟は、黒田官兵衛の人生にとって、大きな転換点になったと言われています。官兵衛に関する資料には必ず紹介されているエピソードです。官兵衛が、キリスト教の洗礼を受けるのは、それから、おそらく五年後位のことになりますが、幽閉の一年は、官兵衛が、天地万物を創造し、人間を特別な存在として造った神（デウス）を身近に体験する時でもあったのでしょう。

人間は自分の無力に気づき救いを求めます。その逆境の時にこそ、人は神に出会うのかも知れません。聖書には、官兵衛が体験したであろう境地によく似た状況を解説した次のような個所があります。

「そればかりでなく、患難さえも喜んでいます。それは、患難が忍耐を生み出し、忍耐が練られた品性を生み出し、練られた品性が希望を生み出すと知っているからです。この希望は失望に終わることがありません。なぜなら、私たちに与えられた聖霊によって、神の愛が私たちの心に注がれているからです」（新約聖書・ローマ人への手紙・5章3〜5）

苦境の時は一年近く続きました。一五七九（天正七）年九月二日、織田信長の総攻撃に屈した荒木村重は、城を捨て、夜半に、手兵数人だけを伴って尼崎城の方角へと逃れたのです。事態は急変します。有岡城の兵士たちも次々と、織田軍に内応して城を脱出します。城に火が放たれました。

牢に閉じ込められていた官兵衛も異変に気付きます。しかし、助けを呼ぼうにも声が出ないのです。その時、「官兵衛様！」と叫びながら近づいて来る者がいました。若い頃から、官兵衛のお付きの者として仕えて来た栗山善助です。善助は官兵衛が牢に閉じ込められて以来、救出の時機をうかがっていたのです。騒ぎに紛れ、番兵が落して行った鍵で牢へ侵入します。そこには、髪も髭も伸び放題で、衰弱した身を横たえていた官兵衛の姿がありました。善助は、官兵衛のあまりに変わり果てた姿に息を飲みます。

善助は涙で声を詰まらせながら、脚が弱って、歩くこともできない官兵衛を背負います。二人は紅蓮《ぐれん》の炎に包まれた城を後にしたのです。

第二章　信長とキリシタン

✠宣教師ザビエル

ここで、キリスト教が日本に初めて渡来した時の状況について、『フランシスコ・ザビエル書簡集』や、ルイス・フロイスの『日本史』を参考にしながら紹介したいと思います。

一五四九（天文十八）年八月十五日、イエズス会宣教師フランシスコ・ザビエル一行七名は、鹿児島の港に入港しました。インドのマラッカから出航して二か月後のことです。当時は、日本への航海は、定期的に行われておらず、ザビエルは、中国人の海賊の手引きで船を調達してもらったと言いますから驚きです。

鹿児島出身で、殺人を犯したため日本を脱出してインドに逃れた弥次郎という男が案内役です。彼は、ポルトガル船に助けられマラッカに至り、そこで、イエズス会宣教師に出会い、キリシタンとなっていました。

「日本からの情報に接しました後、私は長い間、日本に行くべきかどうか決しかねておりました。ですが主が私の心の中に、私が日本に行くことが主のためになると感じさせて下さいましてから後

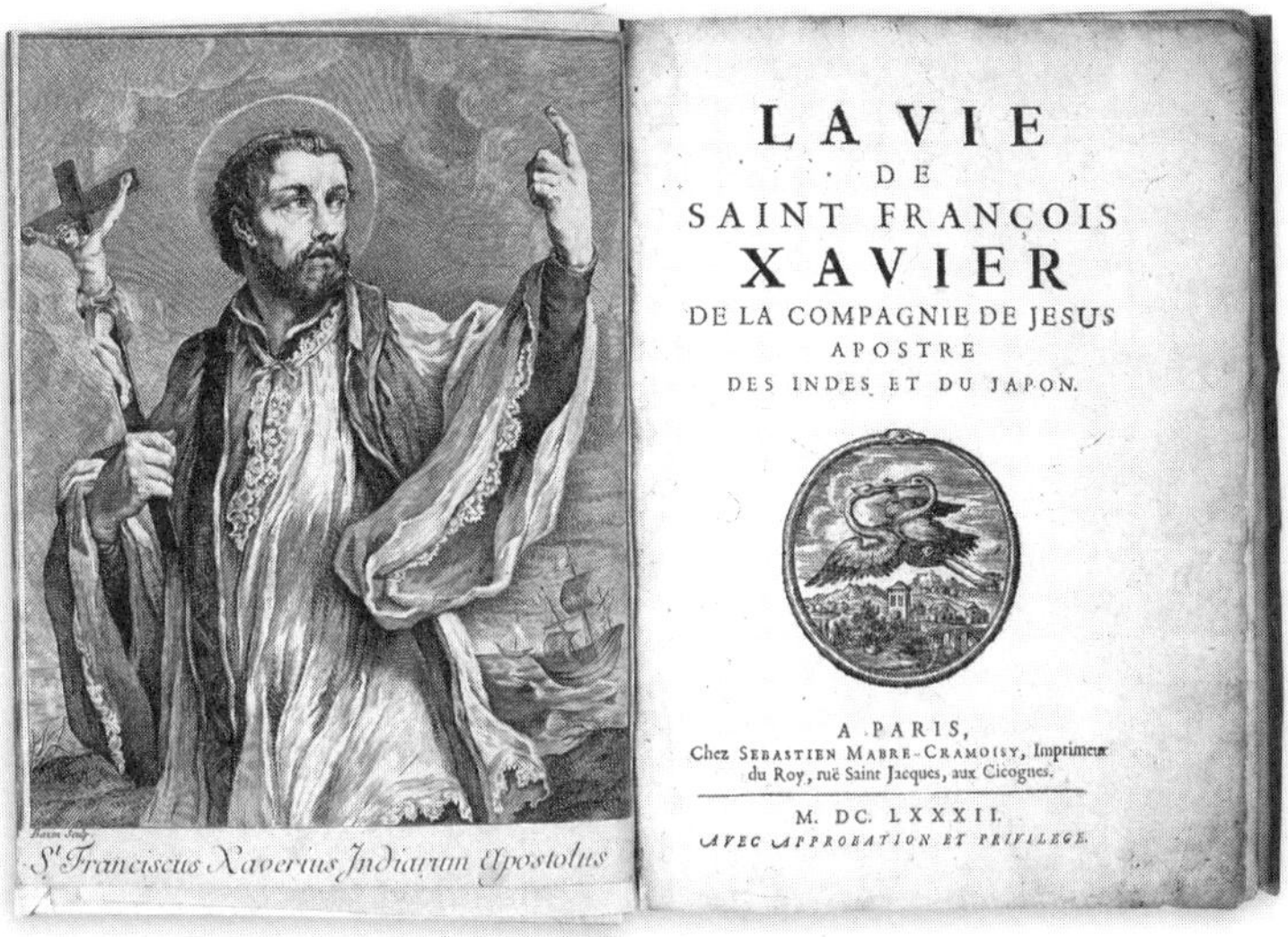

イエズス会宣教師フランシスコ・ザビエル肖像画。1682 年にヨーロッパで発行された『聖ザビエル伝』の挿絵より。同書は、各国語に訳され 19 世紀まで版を重ねるほど人気を博した。大分市歴史資料館所蔵

は、もしも日本行きをやめるならば、日本の異教徒たちにも劣る者だと思うようになりました」（ルイス・フロイス『完訳フロイス日本史』⑥巻）

未知の国・日本へ行くことに少なからず恐れもあったことでしょう。これが、来日前の、ザビエルの偽らざる心境です。

初めて見る日本、その美しい風景にザビエルたちは息を飲みます。最初に足を踏み入れたのが弥次郎の故郷・鹿児島であったことも幸いしました。弥次郎の手引きで、鹿児島（薩摩）の領主・島津貴久《たかひさ》にも謁見《えっけん》が叶《かな》い、様々な便宜を得ています。

ザビエルは、現地の、宗教の指導者にも会っています。けれど、問題はどうキリスト教の教えを伝達するかです。言葉の壁は大きなものでした。

「日本語の知識がないために非常な不自由を忍んだ。というのは、当時彼らが知っていた日本語といえば、フェルナンデス修道士が、インドからの航海中に、かの日本人（弥次郎／編集部註）たちから教わった程度に過ぎなかったからである。彼らは日中の大部分は近所の人たちとの交際に忙しく、夜は祈ったり、非常な熱心さで初歩の日本語を学ぶために遅くまで眠らずにいた。ほんの少しばかり日本語が判るようになっていたメストレ・フランシスコ師とジョアン・フェルナンデス修道士が、こもごも異教徒たちが提出する質問に答えたり、彼らの質疑を解くことに一日中を費やして過ごした」

「薩摩の国主はその地で司祭に一軒の小さい家屋を貸すことを命じたので、一同はその家に引き下がった。そして用務から解放されている時には、司祭はパウロ・デ・サンタ・フェ（弥次郎／編集部註）およびフェルナンデス修道士とともに、宇宙の創造、デウスの御子（キリスト）の降誕、キリスト教の戒律、最後の審判などに関する説話を日本語に翻訳し、通常、彼らはそれ（翻訳文）によって説教した」（ルイス・フロイス『完訳フロイス日本史』⑥巻）

駆け足人物伝

フランシスコ・ザビエル

（一五〇六〜一五五二）

日本に渡来した最初のキリスト教宣教師。スペイン・の名門貴族の子として生まれる。十九歳で、パリに留学、パリ大学哲学部を卒業後、イグナチオ・ロヨラと出会いその影響で信仰に目覚めカトリック教会の宣教団体・イエズス会の創設に参加。ポルトガル国王の要請に応じて、一五四一年、インドのゴアに宣教師とザビエルたちは、現地の人々にとって異国から来た珍客です。物珍しさから、村人が、何処からともなく集って来ます。鹿児島でもよく知られた禅宗の老僧とも心通わすようになりました。

ある日、ザビエルはこの禅僧にこんな質問をしています。

「あなたは、青年時代と今、すでに達している老年期とどちらが良いと思っておられるか」禅僧曰く「それは青年時代だ」。そしてその理由をこう述べたのです。「青年時代は、まだ肉体が病気やその他の苦労に煩わされることがない。自由もある」

それに対し、ザビエルは一つのたとえ話を語ります。「ここに、一艘《いっそう》の船があって、港を出港し、ぜがひでも、他の港に行かねばならないと仮想してください。その船客たちは、風波や嵐に曝《さら》されて大海原の真っただ中にいる時と、もう、港が見え出し、やがて、港口に入りながら、過ぎ去った海難や嵐のことをそこで回想できるようになった時と、どちらの時に、いっそう嬉しい思いを抱き得るだろうか」

まるで禅問答のような会話なのですが、その老僧は答えます。「伴天連殿、港が見える時の方が嬉しく喜ばしいことは当然であることはよく

して赴任。七年間で十万人もの人々に洗礼を授けた。

四七年、マラッカで日本人の弥次郎に出会い、日本での伝道を決意、四九年（天文十八）年八月十五日、鹿児島に上陸。その後、平戸、山口を経て京都に行くも伝道はできず、山口と豊後大分で伝道して、五一年十一月、日本を去った。二年三か月の滞在中、約七百名に洗礼を授けた。日本退去後は中国伝道を決意するが大陸入りを目前にして死亡した。

承知している。だが、拙僧には、今まで、どの港を見分けるべきか決めてもいないし、決心したこともないので、どのように、どこへ、上陸せねばならぬのかが分からないのです」。これは人は死んだらどこへ行くのかを知らない禅僧の正直な心情だったと言えます。

この二人のやりとりは、弥次郎の通訳なしではできませんでした。ザビエルは、結局、鹿児島には、十か月滞在し、その間、百五十人もの人々に、キリスト教の洗礼を授けています。洗礼を受けるのには条件がありました。全能なるデウス（創造主）を信じ、崇め、そのデウスがこの世に送り給うたキリストを救い主と信じ、キリストに従う人生を送る——このことを信仰告白した者が、この洗礼という儀式を受けることができるのです。

ザビエルの試練

ザビエルの日本来日の最大の目的は、最高の権威者である天皇に会い、キリストの福音を伝えることでした。ザビエルは、日本に来て二度目の冬に、都を目指すことを決意します。鹿児島から、船で長崎の平戸へ出て、平戸から山口へと向かいます。

「司祭ザビエルたちが薩摩にいた時に、人々は我らの同僚たちが公然と肉や魚を食べるのを見て苦情を言った。（中略）そこで、メストレ・フランシスコ師は、旅行中に昼食や夜食が供《きょう》された時に、我らの主なるデウスが人間のために創り給うたものを食することは差支えがないと宿の人々に説明し、肉食はデウスを冒瀆《ぼうとく》することにはならぬということを周囲の人々に理解させるために、肉や魚を少しだけ食べた。ただし平素はそれを食べなかったが、彼らにとって、そうすることが少なからぬ苦行であったことは疑いない。

なぜならば、厳寒、降雪の折、終日歩行して宿に着き、食膳に供されるものは、水だけで炊《た》いた少量の米と、煮たり焼いたりしたわずかばかりの塩漬けの魚と、ひどく味つけが悪く、そのうえ悪臭さえある一杯の野菜汁だけであったからである。ところでザビエルは魚を食べずに残し、ただその汁だけでわずかばかりの米を食べたが、それ以外にはなんの食物もなかった」

「夜間は寒気がことにひどく、身を刺すようであり、彼らはわずかしか衣類を持ち合わせていなかったので、メストレ・フランシスコ師は時々家の床に敷かれている畳をひっ被ることがあったが、それでもまだ温まることができなかった。彼らは氷のような冷たい川を渡ったが、ある川では、膝まで没し、別の川ではほとんど腰までつかった。こうして司祭はある港で乗船するまで徒歩で進み、そこから堺に赴いた」（ルイス・フロイス『完訳フロイス日本史』①巻）

山口への旅の途中、外国からやって来た宣教師たちが肉を食べるのを見て、人々が非難の声をあげたのです。仏僧はと言うと、建前は肉食をしないことになっていました。ですから、人々は、肉を食べる西洋僧たちに猜疑心《さいぎしん》を抱きます。

後に、「キリシタンは人肉を食べる」という風評にも悩まされることになります。そんなくだらないと思えるような出来事が、当時は現実に起こったのです。天皇までも、この「人肉」の風評にだまされ、宣教師への迫害を命じたほどです。なお、フロイスは、通常、フランシスコ・ザビエルと呼んでいる宣教師ザビエルを、時には、メストレ・フランシスコ師と記述しています。

長崎に出て来た一行が、平戸から、山口へ道をたどる間に、三人の日本人がキリシタンになったという記録があります。そして、山口では、当時の領主・大内義隆《よしたか》に思いもかけない待遇を受けます。しかし、ザビエルにとって、最大の目的地は最高権威者である天皇が住む京の都でした。ですから、厳寒の季節、山口に長く留まることなく、徒歩で京の都を目指します。たどり着いたのが、自由都市で、海外への窓でもあった堺の町でした。後に、黒田官兵衛が、初めてキリスト教に触れたのもこの堺の町だと考えられています。

ルイス・フロイス著『日本史』によりますと、ザビエル一行は、堺で身分の高い貴人に会い、都での連絡先を得て喜び、堺から京都までの十八里（約八十キロ）を深い積雪にもかかわらず、駆け足で進んだとあります。

しかし、期待を膨らませて入った京の町は、戦乱で荒れ果てていました。将軍である足利義輝は、数人の重臣を伴って郊外に逃れ不在です。ザビエルは、なんとかして、日本の最高の国王である天皇を訪問できないかと模索します。しかし、当時、天皇は、華麗さも威厳も無い宮殿の奥深く住み、会う手立ては全くなかったのです。

かくして、ザビエル一行は、都には十一日間だけ滞在して堺へ戻り、往路で歓待を受けた山口の領主・大内義隆のもとへと行く決心をしたのです。

人生は出会いで決まる、と言われます。ザビエルの日本滞在は二年余り、その間、五百人以上の人々に洗礼を授けています。その中の一人に、ロレンソ了斎《りょうさい》がいました。

ザビエルとロレンソとの出会いは山口の町の一角で、ザビエルが路傍《ろぼう》で説教をしている時に起こりました。ロレンソは、後に、おそらく、日本のキリシタン史上、最も大きな働きをした日本人伝道者として名を留める人物です。黒田官兵衛にとっても、高山右近にとっても、その信仰に大きな影響を与えました。

✠ロレンソ了斎

「山口には、片目が全然見えず、他の眼《め》はごくわずかしか見えない一人の盲人がいた。彼は日本での一般の習慣どおり、琵琶《びわ》で生計を立て、貴人《きじん》たちの邸で奏《かな》でたり歌ったり、諧謔《かいぎゃく》や機知を披露し、昔物語を朗吟《ろうぎん》したりしていた。というのは、彼は、この点、盲人たちが絶えず従事している按摩《あんま》以外に、その溌剌《はつらつ》とした才気や大いなる識見、また理解力と恵まれた記憶力によって、他の多くの盲人たちに擢《ぬき》んでており、好まれたのである。彼は、異国人たちがその市《まち》で新しい宗教を説いていることを耳にしたので、司祭を訪れる決心をし、事実訪問した。彼は司祭に自らの疑問を提出し、その答弁に接して満足した」（ルイス・フロイス『完訳フロイス日本史』⑥巻）

この盲目の琵琶法師が、ザビエルに初めて会ったのは、街角でザビエルが説教をしている時でした。その時の感動がよほど大きかったのでしょう。彼は、ザビエルのもとを訪ね、「デウスとはいかなる存在なのか」と教えを請《こ》うたのです。

しかし、彼が、なにより心動かされたのは、ザビエルらキリスト教の宣教師たちが、幾千里もの遠くから、多大の困難、危険、労苦のもと、ただ人々の霊魂《れいこん》を救おうとの目的で、なんら現世的利益を求めず、日本に渡って来た、ということであり、宣教師たちが、命がけで、日本人に伝えようとしたキリストの教えを、彼が聴いた時、そこに、新しい自分の未来があると確信したのです。

その了斎《りょうさい》と呼ばれた琵琶法師は、何回も、ザビエルのもとに通います。そして、洗礼を授けられます。

ロレンソというのが彼の洗礼名でした。それは、天地万物を創造し人間を特別な被造物として造り、その愛をすべての人に注がれるデウス（神）を信じ、その導きに従う人生を選び取る、ということでもありました。

当時、身分は低く、障がいを持ったロレンソ了斎が、後に、戦国時代の日本で、非常に学識ある仏僧たちや、身分ある人々と宗教論争をし、かつてその誰からも論破されたことがない人物になるなど誰が予測し得たでしょう。彼の説教によって、幾千人もの人々がキリシタンとなっています。高山右近も、もし、ロレンソがいなければ、キリシタンになっていなかったかも知れません。右近の父・飛騨守《ひだのかみ》が、まず、ロレンソに導かれ、その信仰の火が、幼い右近にも受け継がれたからです。官兵衛にしても、彼が最初に、二十代の頃、堺の町で会って、強い影響を受けたのはロレンソではなかったかという説もあります。

ロレンソは、ザビエルが日本を離れた後も、イエズス会の宣教師たちを助け、キリスト教の布教《ふきょう》活動を続けています。一五六三（永禄六）年、ロレンソは正式に、イエズス会に入会、修道士（イルマン）となりました。

一五六五（永禄八）年には九州に赴いて宣教活動を行い、一五六九（永禄十二）年に再び、畿内《きない》（関西地方）に戻りました。ここで、織田信長からの布教《ふきょう》の許可を得ることができ、ルイス・フロイスと共に、信長の面前で、反キリシタンの論客であった日蓮宗の僧・日乗《にちじょう》と議論を行っています。

その時の、生々しいやりとりを詳細に記録したのが、現場にいたイエズス会宣教師ルイス・フロイスです。実は、高山右近や黒田官兵衛のキリシタン大名としての記録は、日本で出された資料には、ほとんどと言っていいほど出て来ません。それは、一六一四（慶長十九）年、徳川家康の時代に、キリシタン禁制が布かれ、その状態が二百六十年も続いた日本においては、キリシタン関係の記録は意図的に抹消されたからです。

ですから、キリシタンとしての右近や官兵衛の消息は、ほとんどを、ルイス・フロイスが、ポルトガル語でまとめた『日本史』に頼る以外にありません。生前、フロイスは信長に十八回も謁見を許され、親しく言葉を交わしてその肉声を克明に記しています。

『日本史』は、四百年以上も、闇の中に葬り去られていた資料です。その膨大な量の内容のため、ポルトガルでも出版されることなく歴史の闇に埋もれたままでした。

駆け足人物伝

ルイス・フロイス（一五三二〜九七）

ポルトガルのリスボンに生まれる。少年時代には王室秘書庁で働き、一五四八年にイエズス会に入会してインドに向かった。ゴアで、ザビエルや弥次郎に出会い、マラッカに赴く。六一年、司祭になり、その文才が認められ、東洋各地からヨーロッパ向けの通信の責任を負った。六三（永禄六）年、三十一歳の時に来日。日本の言語や風習を学び、その卓抜な記憶面白いことに、フロイスが、最初に、その原稿をイエズス会の本部に送った所、文章が冗漫《じょうまん》で、あまりにも細部の描写にこだわり過ぎるから、もっと、文章を簡潔にまとめるようにとの叱責《しっせき》を受けたというのです。しかし、この細部にこだわったフロイスの筆力こそ、信長や秀吉の人間味あふれる実像を浮かび上がらせたと言えましょう。

そして、この戦国時代の日本の驚くべき物語を、現代に蘇らせたのは、日本人のキリシタン研究家たちの努力でした。一九六六年に平凡社の東洋文庫から、ルイス・フロイス『日本史』・全四巻が最初に出され、現在、中公文庫から全十二巻で出されている邦訳の『完訳フロイス日本史』(松田毅一、川崎桃太訳)によって、これまでの日本側の資料にはなかった織田信長や豊臣秀吉の実像を知ることができるようになったのです。そして、この日本語訳が出版されたのが今から五十年ほど前の、それほど古くない話なのですから驚くしかありません。

日本語訳によって、ルイス・フロイスの『日本史』は、四百年ぶりに、その全貌がほぼ明らかになりました。中でも、ロレンソ了斎《りょうさい》に関する記

力と観察力で、日本各地で克明な記録を残し、後に『日本史』としてまとめられる。京都では、時の支配者・織田信長に気に入られ、十八回におよぶ謁見をしている。日本語が堪能だったため、来日したイエズス会司祭の通訳として、信長や豊臣秀吉に何回も会っており、『日本史』には、日本側の資料にはない信長や秀吉の人間味ある実像が克明に記録され、戦国時代の資料としては大きな価値がある。日本滞在は三十年。九七(慶長二)年、長崎で死去。

ルイス・フロイス『日本史』。戦国時代の人々をリアルに伝えている。写真：ウィキペディア

録は他を圧倒しています。信長や秀吉といった戦国時代の為政者にキリスト教を伝えたロレンソの行状記を読むと、胸がわくわくとして来ます。こんなすごい資料が四百年もの間、陽の目を見なかったのです。歴史探訪には、まだまだ、未知の世界があるという期待を抱かせるのです。

日乗との論争

時は一五六九（永禄十二）年、信長の前で、ロレンソと、時の日蓮宗の指導者の一人・日乗《にちじょう》とが、宗教論争した次第は次のようなものでした。

信長の居室には、多数の諸侯、高貴な地位にある武士たちがおり、そのまわりにも三百名ほどが取り囲んでいました。ルイス・フロイスとロレンソ修道士は、信長のすぐ近くに控えています。宣教師に好意を持っていた信長は、この場面でも、フロイスやロレンソと親しく言葉を交わしています。

どうして、信長が、終世、外国から来た宣教師を厚遇したかについては、様々な理由が考えられます。ポルトガルとの交易を求めたこともありますし、信長の西洋かぶれ、新し物好き、といった性分も否定できません。しかし、政治的打算だけで宣教師たちを厚遇したわけではなかったでしょう。

信長は、真理を伝えるために命をかけてやって来た宣教師たちの、私欲のない生きざまに、本当に感嘆した節があります。信長が、当時腐敗していた仏僧に対し敵意を抱いていたことも関係してくるでしょう。宣教師の清廉《せいれん》な生き方を、自分は到底まねはできないが、それは、あこがれにも似たライフ・スタイルだったのです。「自分は、姦淫するなかれ、という掟《おきて》さえなければキリシタンになってもよいのだが」とたくさんの側室を侍《はべ》らせていた信長に言わしめています。

特に、信長にとって、高山右近は、まぶしい存在だったにちがいありません。荒木村重が謀反を起こした時、その配下の高山右近が苦悩する姿を見た信長が涙を流した、とフロイスは記録しています。

以下、『完訳フロイス日本史』（第⑥巻）からその宗教論争の様子を追ってみましょう。

さて、日乗《にちじょう》は、様々なやりとりの後、「一体、伴天連が語る教えとはいかなるものか述べてみよ」と迫ります。

ロレンソは応えます。「では、伴天連様から学んだ順に、語り申しましょう」

ここでフロイス『日本史』では、ロレンソが、彼が信じる主なるデウスが、宇宙万物の最高の源泉であり、かつ創造者であること、などを語ったとしていますが、その内容の詳細は書かれていません。そこで、参考にロレンソが別の場所で語ったキリスト教についての説教の一部を紹介します。

「天にも地にも唯一の神（デウス）しかましまさぬ。そのお方は、世界万物の創造主、人類の贖い主にして救い主、善人には祝福者、悪人には厳しい審判者であられ、我々はこの全能、全知、全善なるデウス様について、次の如く、信じ奉らねばなりませぬ。デウス様は、人類を救うために人となり、一人の処女からお生まれなされた。そして、この人間となり給うたデウス様は、四十日四十夜、断食し、その他多

駆け足人物伝

織田信長（一五三四〜八二）

尾張（愛知県西部）の戦国大名・織田信秀の長男として生まれ、一五五七年に家督を争っていた弟・信行を殺害、五九年、岩倉城を落として尾張の統一に成功した。六七年、美濃を制圧。この頃から天下布武《ふぶ》を目指し上洛、室町幕府最後の将軍・足利義昭を倒し畿内《きない》を制圧。

七四年、長條の戦いでは武田軍を壊滅させ、七六年、近江に安土城を

くの苦行の業を行い、ついに捕えられ、唾を吐きかけられ、頬《ほお》を打たれ、柱に縛られて裸で五千、またそれ以上も鞭打たれ、荊《いばら》の冠をかぶせられ、肩に十字架を負うて連れ出され、カルヴァリオという山中で、二人の盗賊の間で、磔《はりつけ》にされ、十字架上に死して葬られ、それから三日後に大いなる勝利と栄光のうちに復活し、四十日目に天にお昇りになられた。そして、そのお弟子たちは天からのお恵みを受けた後、世界の大部分を改宗なさった。かくて、伴天連様たちは、キリストのお弟子たちの模範に倣《なら》って、私たちにも教えを説くためにおいでになったのである。そして、この十字架にかけられたお方をば、私たちは神（デウス）、そして、世の贖《あがな》い主《ぬし》とお認めせねばなりません」（ルイス・フロイス『完訳フロイス日本史』②巻より抜粋）

日乗《にちじょう》はどれだけ、このロレンソの語るキリスト教についての説明を理解したのでしょうか。「では、そちの教えの眼目《がんもく》について掘り下げて聞きたい」と問います。

ロレンソは答えます。「『眼目』とは、人間が、全能なるデウスを見出し認めること以外の何ものでもありません。そのお方は最高の至福であ

建設、七七年、臣下の羽柴秀吉を毛利氏支配下の中国地方攻略に進発させた。

北方では、家臣・柴田勝家が加賀一向一揆を討ち、越中に侵攻した上杉景勝を撃退、ここに、西方の毛利氏との対決が焦点となる。

八二年、中国地方侵攻の秀吉支援のため、わずかの手勢とともに安土城をたち、五月二十九日、京都の本能寺に入ったが、六月二日未明、明智光秀の襲撃を受け、突然の死を迎えた。

「織田信長像」。面長で高い鼻、大きく見開いた眼などが特徴だ。神戸市立博物館所蔵

り、人間にとって究極の幸福と申すべきであります」

日乗《にちじょう》は、さらに質問します。「その汝の言うデウスなるものは、いかなる色、もしくは形を有するか」。

ロレンソは応えます。「色体を有するもの、人間の肉眼で見えるものは、無限のものではありませぬ。それらはむしろ四大《しだい》（仏教用語で、目に見えるもの）により構成された被造物である。だが、天地を司《つかさど》り、統《す》べ、それらに存在を与え、それらを保ち給うところの天と地の御主（デウス）、その無限の実体と本質は、四大によるものでもなく、また血肉の眼をもっては見ることはできぬものなのです。私たちはこの世では、ただ信仰と理性により、また普遍的原因として御主から出ずる種々の作用によって、御主を認識するに過ぎません」

日乗は、分かったようなふりをして、また質問します。「天の主が存在することは明白なことだ。だが貴殿に問うが、いったいどのように、それに仕えられるというのであるか」

ロレンソは、続けます。「坊さんたちは、金とか銀とか貨幣や食物を神仏にお供えせよと説いていますが、デウス様は本性そのようなものを要求なさいませぬ。すなわちデウス様は尽きることなき泉であられ、天と地にあるあらゆる富、あらゆる宝の根源にましますので、それらいっさいのものを必要となさいません。デウス様が人間にお望み給うのは、デウス様は全善、全能、全知のお方でありますから、人々が御自らを愛し、畏れ、人々が御自らの至福に到達できるようにデウス様が授けた掟を守ることにほかなりません。（中略）また、デウス様は（中略）困窮者を助けること、求めてはいるが援助が得られない人々に慈悲と同情を示す事をお望みになっています」

日乗《にちじょう》は、やや興奮しながら言います。「何がゆえに、人間はデウスを讃《たた》えねばならぬのか」ロレンソは言います。「人々はデウス様から絶えず、大いなる、かつ限りなき恩恵を蒙《こうむ》っているからです。また人々は、デウス様を認め、愛し得るように生命と理性を授かっているのですから、ことにデウス様を拝し、仕え奉る義務があるのです」

その時です。それまで、二人のやりとりをジッと聞いていた信長が口をはさんだのです。信長は言います。「汝が申すがごとくであるならばじゃ、分別をわきまえぬ者、もしくは生まれつきの馬鹿頓馬の連中はどうなるか。奴らはデウスを讃えずとも差支えなかろう。奴らにそうせよと言っても無理な話だからな」。これは、人間存在の本質をついた問いかけと言えましょう。信長はこの世の不条理について、その意味を問うたのです。

ここで、ロレンソの弁明はつぎのように明解なものでした。「私どもは幾度となく、デウス様から多くの知恵を授かりながら、それを与えられた本来の目的に用いることを怠り、その知恵を悪用して、国家を混乱に陥れ、国民を不安にし、各種の悪行を考え出しては、罪なき無実の人々を破滅させており、彼らはこうした知恵に価せぬ人たちであります。ところで、デウス様がそれほどの鋭い理性を授けることをお望み遊ばさなかった人たちのことでありますが、もしデウス様が、その人たちにいっそう活発な理性を与えておられたならば、彼らはそれを悪用する者の数に加わったことでありましょう。ですから、彼らといえどもデウス様を讃美し奉らねばなりますまい」

そのロレンソの弁明に、信長は感心します。「その理由はもっともだ。予は満足じゃ」

それを聞くや、日乗は、憎悪と嫉妬で自制心を失い、「殿、奴らを追い払われよ」と悪態をつきます。ところが、信長は、そのような日乗を笑い。「興奮するな」と言い、さらに質問するように促します。

論争は一時間半にも及びました。論争にはフロイスも加わり、激論が続きます。遂には、興奮した日乗は、部屋の一角にあった信長の刀を握り、それを鞘《さや》から抜いて叫んだのです。「しからば、予は汝《なんじ》の弟子ロレンソをこの刀で殺してやろう。その時、人間にあると汝が申す霊魂を見せよ！」咄嗟《とっさ》に、信長やその場にいた者が彼を後ろからはがい締めにし、刀をその手から奪いました。信長は、この仏僧の暴挙に怒りを爆発させます。「日乗《にちじょう》、貴様のなせるは悪行なり。仏僧がなすべきは武器をとることにあらず、根拠をあげて教法を弁護する事ではないか」

この出来事は、信長の仏僧への不信感をさらに強め、逆に、伴天連に対する信頼を高める結果となったのです。

第三章　秀吉の時代のなかで

官兵衛と右近の消息

ここで、「有岡城幽閉事件」の後の官兵衛の消息について詳述します。

有岡城を家来《けらい》の善助と共に、脱出した後、官兵衛は過酷な牢の生活でダメージを受けた体を癒《いや》すために有馬温泉へと運ばれて行きます。

官兵衛が村重側に寝返ったと誤解していた信長は、有岡城を攻め落した後、幽閉されていた官兵衛がいかに苦しんだかを知り、「官兵衛、すまぬ」と後悔の涙を流したと言われています。そして、人質にとっていた松寿丸《しょうじゅまる》を官兵衛のもとへ返したのです。

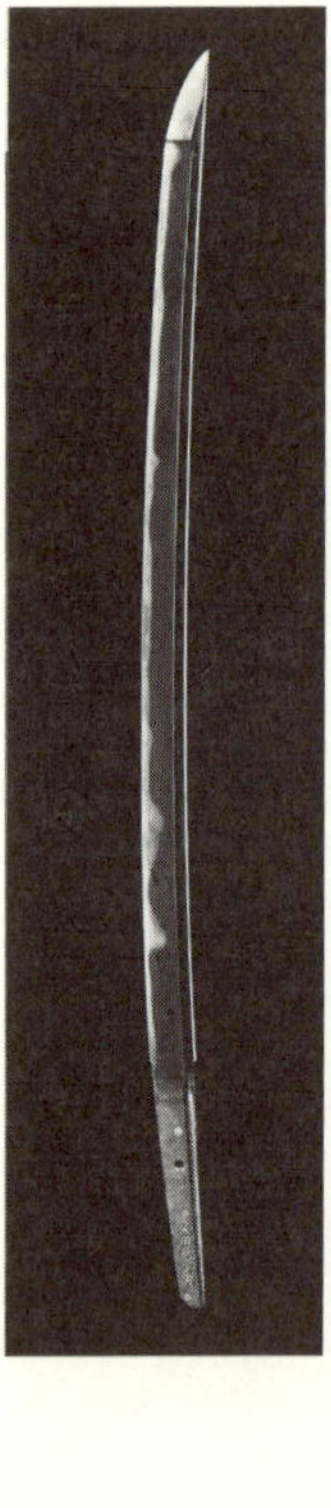

黒田官兵衛が着用した「朱漆塗合子形兜・黒糸威五枚胴具足」（右／撮影・藤本健八）。お椀を伏せたような兜は鮮やかな朱だ。刀は官兵衛が信長から拝領した「圧切長谷部（へしきりはせべ）」（左／撮影・要史康）。福岡市博物館所蔵。

事実、官兵衛は、信長が本能寺の変で命を落とすまで、秀吉と共に信長に忠義を尽くしました。
近年、信長暗殺事件の黒幕にイエズス会がいる、といった説が、一部の歴史研究家から出ていますが、歴史的な根拠はありません。その事件の真相をよく知るルイス・フロイスは、実に冷静に、客観的に本能寺の変について記述しており、そこにはイエズス会の関与を示す内容は見られないのです。
それはそれとして、有岡城脱出後の官兵衛の足取りを年表にすると以下のようになります。

一五八〇（天正八）年　秀吉と共に、別所長治《べっしょながはる》が城主の三木城を攻め落す。揖東郡《いとう》などで一万石を賜り、山崎城へ移る。この時、官兵衛は大名の列に加えられる。ちなみに、「大名」とは一万石以上を与えられた領主がそう呼ばれる。

一五八一（天正九）年　秀吉の朱印《しゅいん》をもって一万石を加えられ、都合二万石の大名となる。六月、秀吉に従い、因幡《いなば》（鳥取県東部）へ遠征、鳥取城を落とす。七月、秀吉の命で、四国へ進出し、淡路・阿波を攻略、土佐にあった長宗我部《ちょうそかべ》氏攻略に備える。

一五八二（天正十）年　三月 秀吉に従い備中（岡山県西部）に進撃。四月には、高松城を包囲。五月二十九日、本能寺にて、織田信長が明智光秀に襲われ、命を落とす。六月四日、毛利氏と講和を結び、官兵衛は、秀吉に兵を引き上げることを提言、実行に移される。六月十三日、山崎の戦いで勝利。六月十八日、信長亡き後の支配体制について話し合う清州会議開催。この会議には右近と官兵衛も出席。

高松城の攻防を描いた「赤松水攻之図・水攻防戦之図」。江戸時代末期。
資料提供：岡山県立図書館・電子図書館システム「デジタル岡山大百科」

一五八三（天正十一）年
正月、秀吉の大坂城築城に当たり、官兵衛は区画を定め工事を監督する。この大坂城建設で、高山右近は石垣の石を調達する任務を受け、巨大な石を、数千人の人々の力で運び、威容を誇る大坂城の石垣を完成させた。

天正十一年は、大坂城建設が始まった年であり、それにともない、城の近くに、南蛮寺（キリスト教の教会）が、秀吉の許可を得て完成していました。

イエズス会宣教師オルガンチノは秀吉が大坂城を築き始めた時、新しい教会の地所の下付を願い出ました。前にも触れましたが、オルガンチノは、イタリア出身の司祭です。その陽気な人柄が、人々に愛され、信長も、秀吉も信頼を置いていた司祭でした。あの「有岡城幽閉事件」の時には、信長は、右近を説得するためにオルガンチノにその任を要請しています。

官兵衛の受洗

伴天連を厚く保護した織田信長でしたが、その臣下の羽柴秀吉も、その意を受け継ぎ、信長亡き後も、司祭たちに協力して、大坂に建てる新しい教会建設に当たっても、秀吉自ら、出向いて最良の地を寄贈しています。

河内岡山にあった教会を解体して、その材木を運んで来て、大坂城のそばに新しい教会堂が完成、その年の降誕祭には、落成式が行われました。

大坂城が完成し、秀吉が天下人として地位を確立すると、各地の大名の城への出入りも多くなり、城の周りには、諸侯の邸宅も増えて行きます。

この時期に、高山右近の導きで、黒田官兵衛が回心し、大坂の新しい教会でキリスト教の洗礼を受けています。

「時に天下は太平で、各地の武将たちは繁雑に政庁を訪れるために大坂に出入りし、その機会に我らの説教を聴聞し、我らの主なるデウスから選ばれた者がつねに洗礼を受けていた。彼らは、我らから何一つ物質的な代価を求めることなく、純粋な意図から改宗し、それまでの堕落した生活を一変し、妾女、快楽、非道、不正義、残忍、その他の悪に染まった生活を放棄した。こうしたことは、我らの聖なる教えに大いに光彩を放たしめ、異教徒たちが我らの教えについて抱いている評価を高めしめた。貴人たちの一部の者は、キリシタンに改宗せぬものは貴族に非ずとさえ言う始末であった。

これら受洗した者のうちには、関白の顧問を勤める一人の貴人がいた。彼は優れた才能の持ち主であり、それがために、万人の尊敬を一身に集めていた。関白と山口の国主（毛利輝元）との間の和平は、この人物を通じて成立したのであり、彼は播磨の国に非常に多くの封禄《ほうろく》を有している。

彼は多くの高貴な侍たちを説得しようと堅く決意しているが、彼はその点多大の権威を持つ者であり、事実、後になって、彼らが期待し

駆け足人物伝

小西行長（一五五八頃～一六〇〇）

豪商・小西隆佐《りゅうさ》の次男として堺に生まれる。洗礼名・アゴスチイノ。備前の国岡山で宇喜多直家に取り立てられ本能寺の変の後、秀吉に仕え、父・隆佐とともに海の司令長官として、瀬戸内海の軍需物資運搬に当たる。一五八八年、肥後宇土城主に、二十四万石を受ける。九二年、朝鮮出兵に際しては、加藤清正と共に、第一線の指揮をとった。しかし、平壌《ぴょんやん》に至っ

ていた以上の熱心さでそれを遂行した次第は先になって述べられるであろう。彼の心を最初に動かしめたのは、海（軍）の総司令官（小西行長）アゴスチイノであり、ついで、飛騨蒲生《ひだのがもう》（氏郷《うじさと》）殿とジュスト（高山右近）が、彼を受洗へ導いたのであった。この貴人は小寺シメアン官兵衛殿と称した」（ルイス・フロイス『完訳フロイス日本史』④巻）

この官兵衛が洗礼を受けたという部分の記述について少し解説します。小西行長（一五五八〜一六〇〇）は、キリシタン大名の一人で、秀吉に仕え、水軍の将として名をはせました。右近から信仰の導きを受けた行長は、伴天連追放令が出た時、右近を小豆島に匿《かくま》い守っています。蒲生《がもう》氏郷（一五五六〜一五九五）は、近江の領主でしたが、一五九〇年に、会津の所領を委ねられ、キリシタン大名として、会津に教会や神学校を造り、福島県に初めてキリスト教を伝えた人物です。彼もまた、右近から導かれ改宗しています。

右近と氏郷、そして官兵衛は、共にキリシタンとして歩み、茶道仲間としても交友を続けた仲でした。

た後、秀吉の意志に反し、明に攻め入ることを望まず、講和の締結に力を尽くしたが成功しなかった。九七年の再出兵の時には朝鮮、明の連合海軍と戦った。秀吉逝去のため翌年には帰国。

一六〇〇年の関ヶ原の戦いでは石田三成と共に徳川家康と戦って敗北、キリシタンとして信仰を守り続け、京都・六条河原で処刑された。キリシタン大名として、高山右近、大友宗麟《そうりん》に次いで、代表的人物として知られる。

右近の信仰

　さて、官兵衛と右近の交流は、ずっと以前からあったことは前にも述べた通りです。二十代の初め、官兵衛が堺の町に行き、そこで、キリシタンに接触したことは十分に考えられることです。

　当時、右近は、まだ十五歳の少年で、高槻《たかつき》城でその青春を謳歌していましたが、すでに、洗礼を受けたキリシタンでもありました。官兵衛も、そのようなうわさを見聞きしていたはずです。ただ、右近はキリシタンとしては未熟で、自分の信仰について、公にしたと

蒲生氏郷肖像。写真：ウィキペディア

いうわけではありません。おそらく、その頃に官兵衛の耳に入っていたキリシタンの噂は、右近の父である高槻城主・高山飛騨守ダリオの敬虔なその生き方ではなかったでしょうか。

右近の信仰が、はっきりした形になって来るのは、やはり、「有岡城幽閉事件」で官兵衛が人生最大の危機を迎えた頃で、当時、右近にとっても、キリシタンとして、その態度をはっきりすることを迫られていたのです。

官兵衛と右近は、共に、信長と秀吉に仕えた家臣です。大坂城建設に当たっては、二人は、建設の重要な役割をまかされています。ですから、この時期に右近は、積極的に官兵衛に信仰の話をしたにちがいありません。人生最大の危機を体験した官兵衛にとって、揺るぐことのない人生の指針が欲しかったはずです。右近の説くキリスト教の教えは、あのロレンソから受け継いだものでした。

もう一つ、右近と官兵衛を近づけたものは茶の道でした。当時の大名にとって、茶道はある種の流行でもあり、武将たちのたしなみでもありました。茶道がどうして生まれたか。それは、乱世の世にあって、常に戦いの中にあり、死と隣り合わせの武人たちにとって、戦《いくさ》に行く前に心を落ち着かせる何かを必要としていたのでしょう。それが茶の道だったと考えられます。官兵衛も右近もしばしば、秀吉が主催する茶会に招かれ、そこで交流を深めています。

モンタヌス『日本誌』(1669年発行)の挿絵に描かれた堺の港。堺市博物館所蔵

さて、先に「有岡城幽閉事件」後の官兵衛の足跡を年代を追って紹介しましたが、高山右近の場合はどうでしょうか。

一五七八（天正六）年　信長、有岡城への進軍途上に、高槻《たかつき》を包囲、右近は、高槻城を父に残し、単身、信長の軍門に下る。

一五七九（天正七）年　信長、荒木村重を滅ぼした後、恭順を示した右近を罰することはせず、高槻城主として登用、父・ダリオは代わりに越前（福井県）に追放される。

一五八〇（天正八）年　右近、安土に自分の屋敷を建設すると共に、安土の教会堂およびセミナリオ（神学校）の建設を援助する。当時、高槻には一万四千人のキリシタンがいたと記録されているが、彼らを指導する宣教師のための修道院を建設。

一五八一（天正九）年　巡察師ヴァリニャーノ、高槻において復活祭を祝う。当時の高槻のキリシタン約一万八千人。

一五八二（天正十）年　信長、本能寺に死す。官兵衛、右近、共に明智光秀の討伐に加わる。清州会議に右近列席、四千石加増を受ける。安土のセミナリオを高槻に移す。

一五八三（天正十一）年　右近、秀吉に従い、数度の戦闘に赴く。大坂で、オルガンチノ神父を秀吉に引きあわせ、大坂の城下に教会用の土地を取得。河内岡山の教会を解体して、大坂に新たに教会を建設。

二人の足跡を重ね合わせて見てくると、戦国時代に、万を数えるキリシタンが、高槻をはじめ、畿内《きない》（現在の関西圏）に生活していたことがわかります。官兵衛が、キリスト教の洗礼を受けたことが記載された日本側の資料がないと同時に、当時の日本には、キリシタンという閃光が畿内や九州をするどく射していたという事実も闇に葬られていたのです。

ルイス・フロイスの『日本史』によると、あの戦国時代、二百余の国が群雄割拠し、そこに、なんと六十人を越えるキリシタン大名がいたことが分かっています。

しかし、この大坂の教会ができ、多くの大名たちがキリスト教に改宗した年から、四年後には、突然、豊臣秀吉が伴天連追放令を発令、海外から来日していた宣教師たちに受難の季節が訪れます。どうして、秀吉は心変わりをしたのか？　その問題を追求する前に次の項では、日本の精神風土にはなかったキリシタンのライフ・スタイルについて紹介します。

✠死者の葬り

「ジュスト右近殿は、非常に活発で明晰な知性と、きわめて稀に見る天賦の才を有する若者であった。今や彼は、異教徒に対してなされた教理説教や、一同から提出された疑問に対する司祭たちの答弁を絶えず傾聴したので、彼はデウスのことどもを好むことにおいても、またそれらを認識することにおいても、実に顕著な進歩を遂げ、その後は卓抜な説教者となり、またその大いなる徳操によって都地方の全キリシタンの柱になるに至った」（ルイス・フロイス『完訳フロイス日本史』②巻）

一五六三（永禄六）年、松永久秀の臣下で、大和国の沢城《さわじょう》を委ねられていた高山飛騨守が、ロレンソ了斎《りょうさい》の説教を聞き、イエズス会宣教師ヴィレラより洗礼を受けました。この飛騨守の長男が高山右近（幼名・彦五郎）です。翌年、飛騨守の家族、家臣ら百五十人が洗礼を受けた時、十二歳の彦五郎もその中の一人でした。

しかし、彦五郎の信仰は、あくまでも父・飛騨守の勧めによるもので、自分から洗礼を申し出たわけではありません。ですから、十代の右近の信仰はまだまだ幼いものであったと考えられます。二十代になった右近は、様々な人生の苦境を体験します。自ら人を裏切ったこともありました。そして、乱世の時代、死と隣り合わせの日々の中で、人生の無常を感じ苦悩したこともあったでしょう。逆境の中に、人は神と出会う、と言われますが、右近にとっても、それは同じだったはずです。

父・飛騨守が、高槻《たかつき》城主となって以降、右近の人生も急展開します。右近の身近で行動を共にした宣教師フロイスにとっても、冒頭に記したように、右近のキリシタンとしての成長は目覚ましく映ったにちがいありません。

右近の信仰は、父の飛騨守から受け継がれた側面があります。もし、父親がいいかげんな信者であったなら、右近の人生もどうなっていたか分かりません。フロイスは「高山ダリオ殿の熱意、献身、敬《けい》虔《けん》、善良さについて知ることは、我らの主なるデウスを賛美し奉るに値する素材を提供することになる」とまで称賛しています。

キリスト教の教えの中心は、「神を、全身全霊で愛し、仕え、人を自分を愛するように愛する」ということに尽きます。ですから、飛騨守がキリシタンになった時、まず、行ったのは、神（デウス）を礼拝する場所として教会を高槻に建て上げることでした。

寺の跡地に建てられたその大教会の周りには、美しい花々が咲いた緑樹が植えられました。地所の一角に、三つの階段がついた大きな十字架を建て、その周囲にも種々の草花、バラやユリなどが植えられ、その美しさは遠くからでも識別できるように設計されていました。近くには池も作り、祈りのためキリシタンがそこへ来た時、心安らぐ空間を提供したかったようで、飛騨守の魂にたいする心配りは人々を感動させたのです。

彼は、三人の貧しいキリシタンの老人を探し出し、その妻子ともどもその生活の面倒も見て、彼らには、教会、庭園、司祭館、十字架、敷地を掃除したり整頓することのみに専念するよう命じています。もっとも、飛騨守自身、お殿様の身分でありながら、草を取ったり掃除をしたりと小まめに働いているのも、当時の、日本の封建社会では考えられないことでした。

「彼は教会が落成し、それで心の願いが満たされた時、そしてそこで初ミサが捧げられると、彼は床にひれ伏し、涙で頬《ほお》を濡らしながら、今や我が切なる望みは地上で果たされた。我らの主、御旨のままに我を召し給《たま》わんことを、と言った。そして彼は告白した後、そこで、妻とともに聖体を拝領し（聖さん式に与《あずか》り／編集部註）、キリシタンたちのために盛大な饗宴を催し、彼らに対して、建築に際しての援助を感謝した」（ルイス・フロイス『完訳フロイス日本史』②巻）

ダリオは生来、同情心の強い人で、困っている人がいると見過ごすことができません。ですから、助けを必要とする未亡人や孤児たちがいると、幾日にも及んで、次から次へと全員を世話し終えるまで休むことがなかったと言います。

「幼い者はまるで彼の子供たちのようであり、婦人たちは彼の近親者のようであった。それゆえ、その地で、人々は皆、彼を自分の父のように見なした。すなわち彼が一同に示した所業ならびに慈善はあたかも父のようであったからである」（ルイス・フロイス『完訳フロイス日本史』②巻）

キリシタンの数が、高槻《たかつき》で数千人になった頃、その地で、二人の貧しい民が死亡しました。当時の日本における葬《ほうむ》りの儀式は、高貴な人々にしかできません。ところが、ダリオは、その亡くなった二人のために、ヨーロッパにあるような一台の棺桶《かんおけ》を作らせ、真ん中に白い十字架を付した黒ネルの布で被《おお》い、身分を問わず、多くのキリシタンを招集し、死者を葬るため、一同、自宅からろうそくを灯した提灯を持参するようにと言いました。そして、ダリオと、その息子の右近は、新たなキリシタンのもとで、棺《ひつぎ》を担う敬虔な行為が、日本で習慣化することを願って、棺を担ぐという役割を自ら引き受けたのです。当時、庶民の死者の葬りは、ただ穴を掘りそこに埋めるだけのものでしたが、ダリオは、貧しい死者が身を横たえることのできる棺桶を用意して手厚く葬りました。

このダリオの行為は、それまでの日本の精神風土の中では考えられなかったことです。ですから、人々は、この謙虚な領主の姿に感動します。高槻にキリシタンが急激に増えたのは、その教えもそうですが、ダリオのような敬虔なキリシタンの姿を通して、神の愛を人々が知ったという事例があることは見逃せないでしょう。

ダリオは、埋葬《まいそう》のため城外に一大墓地を設け、さっそく死者たちの頭上に、それぞれ木製の十字架を置かせます。さらに、その墓地のシンボルとして、非常に大きな美しい十字架を立てたのです。

今の日本人は、古くから、死者の葬《ほうむ》りの式と埋葬は、仏寺が請け負うと考える方が多いと思いますが、信長、秀吉の時代には、その習俗はありませんでした。仏寺でも葬式をするようになったのは、徳川時代・元禄《げんろく》の頃と言われています。ですから、現代のような仏式の葬儀は、戦国時代にはなかったのです。キリシタンが心のこもった葬りの式を、他の宗教に先駆けて行ったのです。そして、一人ひとりの人間の価値を大切にするキリシタンの教えは、戦乱に苦しむ民の心を強く捉えていったと言えましょう。

これは、大変興味あることなのですが、徳川幕府がキリシタン禁制に踏み切った時、それを後押しした一つの要因が当時の仏僧たちからの訴えだったという説もあります。

それは、仏寺でも葬儀を始めたところ、無料で葬儀をしてくれるキリシタンに人々がなびき、有料の仏寺の葬儀に人々が行かないという現象が起こったことが原因でした。貧しい人々は、到底、高額の葬儀料を払えなかったのです。

日本は仏教国であると言われます。それは，日本人のほとんどが葬儀を仏式で行い、死者は、仏寺の墓地に埋葬されるのが慣例になっているからです。しかし、葬儀をお寺で行うからといって、人々が仏教徒というわけではありません。信仰とは関係のないところで、この仏式の葬りの儀式が行われているのです。

では、どうしてそのようなことになったのでしょうか。実は、これはキリシタン禁教令と深く関わっています。一六一四（慶長十六）年、徳川家康によって、キリシタン禁制が宣布されました。そこで、幕府が、キリシタン狩りを行うに当たり、人々は、自分がキリシタンではないことを証明する必要に迫られたのです。そこで、考え出されたのが檀家《だんか》制度です。信仰とは関係なく、人々は、もよりの仏寺に登録をし、キリシタンではないという証明にしたのです。日本ではよく、「家の宗教」ということが言われ、いつの間にか、私たちの先祖がお寺と関係あるものとして、その慣習が受け継がれて今日に至っています。

禁教令が出た後は、キリシタンと分かったなら死罪に値します。そこで、キリシタンも、中にはお寺に自分の身分を登録して表だっては仏教徒を装い、家では観音像に秘かに十字を刻み、それを拝むと言う人々もいたようなのです。

実は、日本全国で、キリシタンの痕跡がない都道府県は一つもありません。しかも、多くの痕跡が仏寺に残っているという事実は、このような事情を説明しています。

第四章　秀吉とキリシタン

✠大坂城完成

信長が本能寺の変で、その四十九年の決して長くない生涯を閉じた後、秀吉の天下となります。秀吉は、信長以上の権力者としての威光を知らしめるため、信長が築いた安土城をしのぐ巨城を、信長が攻め落した石山本願寺の跡地に建てたのです。それが、大坂城です。

そこは、秀吉の天下取りの拠点であり、権力の象徴でもありました。ですから、秀吉の時代が来た、と察知した領主たちは、大坂城の周辺にその屋敷を建て、秀吉に恭順の意を表します。

この年、天正十一年から数年間は、イエズス会の宣教師たちにとっても、秀吉という暴君が、キリシタンに好意を見せ、大坂城にも多くの宣教師が秀吉に謁見に訪れ、秀吉も、宣教師たちを温かく迎えるという、一見、秀吉とキリシタンの間の蜜月時代を思わせる期間だったのです。

大阪のシンボルとも言える現代の大阪城は、昭和に入って復元されたものです。秀吉時代の城閣部分は、家康によってすべて取り壊され、その面影を見ることは現在、できません。

しかし、秀吉が築城した大坂城が、いかに壮麗《そうれい》で広大なものであったか——フロイスは、筆を尽くして、その威容を描写しています。

その城閣は、五つの天守からなっていました。その、各々は互いに区別され、離れており、内部には

昭和初期に再建された大阪城の天守閣。大坂夏の陣を描いた絵の城を元に設計された。
写真提供：Midori（Wikipedia）

多くの屋敷があり、それぞれに、これも豪壮な造りでした。もっとも主要な城（本丸）には秀吉が住んでおり、その側室《そくしつ》たちも同所にいたのです。本丸は八層からなり、最上層にはそれを取り囲む廻廊があります。また、濠《ほり》、城壁、それらの入り口、門、鉄を張った窓門があり、それらの門は高々とそびえていました。これらが秀吉自身、ならびにその武将や側近の家臣たちの住居です。

旧城（石山本願寺）の城壁や濠は、すべて新たに構築されました。前には、宝物を貯え、武器や兵糧を収容する多数の大いなる地下室がありましたが、それらの古い部分は、皆新たに改造され、警備のために周囲に設けられた砦は、その考案と美観においてやはり新建築に属し、とりわけ、天守閣は遠くから望見できる建物で、華麗さと広壮さを誇示していました。

この新しい城には、日本語で〝庭〟と呼ばれるパテオ（内庭）があり、それは、ヨーロッパの庭園をいくらか想起させるもので、自然石、樹木、草木など、その新鮮さは自然のままのものを多く採り入れているので一年中、四季が楽しめるのです。

駆け足人物伝

豊臣秀吉（一五三七〜九八）

尾張国愛知郡の足軽・木下弥右衛門の子といわれる。秀吉は十六歳で流浪の旅に出、織田信長に仕える。草履取りからしだいに出世した様は『太閤記』に詳しい。

一五七七（天正五年）年、信長の命を受けて毛利氏が支配する中国地方平定に出陣する。備中で高松城を攻略中の八二（天正十年）年、本能寺で信長が倒れると、山城国山崎に明智光秀と戦いこ堀に沿っていくつもの庭があり、それらは辺りに気品と爽快さを醸《かも》し出しています。別の場所にある一つの台地には多くの、立派で美しい部屋が建てられ、それらは金ピカに装飾され、下方に展開する多くの緑の田畑や、愛らしい河川をそこから一望に眺めることができます。

これらの、おびただしい部屋は、種々様々の絵画で飾られ、その中には、日本の花鳥風月、その他自然の風物を描いたものや、日本および中国の古い史実を扱った絵があり、眺める者の目を楽しませてくれたのです。

秀吉は、信長の後継者となるに当たり、可能な限りあらゆる方法によって、自らを飾り、その権威を誇示しようとします。大坂城さえも、実は、秀吉が自分を誇りたいための器であったと言えるかも知れません。

秀吉にとって、なにが何でも、主君の信長を凌駕《りょうが》したかったにちがいありません。ですから、大坂城だけではありません。大坂の拡大した市自体、また城の周囲に建てられた日本の諸侯、武将たちの屋敷などそのいずれにおいても、すべて、信長の安土の市や町をはるかに凌《しの》いでいました。

れを破った。
八三（天正十一年）年、信長死後の政治の主導権を握ると、大坂城と城下町を築き、ここに本拠を置いた。九二（天正二十年）年、太閤として実権を握っていた秀吉は諸大名に朝鮮出兵を命じた。第一次出兵は、明軍の介入と朝鮮義軍の蜂起により劣勢となり、撤退。九七（慶長二）年、再度出兵を命じるが、苦戦は変わらず、九八（慶長三）年、秀吉が病死すると、やがて全軍の撤退となった。

城中のキリシタン

　大坂城が落成した後、秀吉は、イエズス会の宣教師たちを城に招き入れ、他の家臣には見せなかった施設に、特別に宣教師たちを招き入れています。外国の客人に自慢したかったのでしょうし、この時点で、秀吉がキリシタンに敵意を抱くことなど、つゆほどにも感じられなかったのです。

　興味深いことに、大坂城にいた女官のなかにも、当時、キリシタンがいたという記録も残っています。そうした既婚《きこん》女性の一人に洗礼名がマグダレナというかなり年配の女性がいました。彼女は、秀吉の正室・北政所《きたのまんどころ》（おね）とはきわめて親密な間柄で、時には、秀吉と北政所を前にして、マグダレナがデウス（神）の教えについて話すこともあり、秀吉もそれを喜んで聞いていた、という記録も残っています。ところで、秀吉の気まぐれでしょうか。マグダレナの勧めもあり、女官たちに、キリシタンではないにもかかわらず、キリシタンの名前をつけて、城中で呼び合っていたというのです。

　また、たびたび、城を訪れたロレンソ修道士に対し、秀吉は冗談半分にこんなことも言っています。「もし伴天連らが予に多くの女を侍《はべ》らすことを許可するならば、予はキリシタンになるであろう。その点だけが予にはデウスの教えが困難なものに思えるのだが」。するとロレンソ修道士は、からかい半分に答えます。「殿下、私が許して進ぜましょう。キリシタンにおなり遊ばすがよい。なぜなら殿だけがキリシタンの教えを守らず、地獄に行かれることになりましても、殿がキリシタンになられることによって、大勢の人がキリシタンとなり救われるからでございます」（ルイス・フロイス『完訳フロイス日本史』④巻）

秀吉は、このロレンソの返答に、満足げに大笑いします。大坂城建立後の数年は、秀吉は、信長以上に、キリシタンに対し親愛の情を示しています。特に、信長の臣下として、共に、多くの戦場を駆け抜けて来た高山右近に対する信頼は大きなものでした。

安土桃山時代に描かれた豊臣秀吉像。神戸市立博物館所蔵

「羽柴筑前殿（秀吉）は、デウスのことに反対せぬのみか、その態度から、デウスの教えを仏僧らの宗教よりも真実のものと認めているようであった。彼はそれゆえキリシタンを信頼し、側近の重臣たちの息子らがキリシタンになるに接して喜んでいた。彼はしばしば右近殿のことを語り、そのあまりにも模範的な生活に驚嘆していた。秀吉には、一人の若者がそのような不屈の精神を宿していることは困難なことに思えたのである。（中略）彼（秀吉）は右近殿をつねに側近に侍らしていたし、キリシタンの安威殿シモンは彼の秘書であった。つまりこれらの事実に徴する限り、

彼（秀吉）は異教徒たちよりもキリシタンを信頼しているようであった」（ルイス・フロイス『完訳フロイス日本史』④巻）

このフロイスの豊臣秀吉に対する印象には、少々、説明を加える必要があるかも知れません。フロイスは、『日本史』の別の個所では、秀吉がいかに残虐で、淫蕩《いんとう》であるかを生々しく描写しています。それなどを読むと、フロイスは秀吉に対し、過剰な反感を抱いていたのでは、と思わせられるほどです。ところが、その同じフロイスが右記のような、キリシタンに好意を抱いているように見える秀吉の別の表情をも紹介しているのです。現場にいて秀吉を観察することができたフロイスにとって、秀吉は、もしかして多重人格者に見えたのでしょうか。

ただ、秀吉という日本の歴史上、たぐいまれな為政者として登場する人物の多面性を、客観的に捉えようとしているフロイスの姿勢には学ぶべきことがあります。

秀吉は、単に、残虐で淫蕩な独裁者というだけでは説明がつきません。自らは、その罪の故に、神に近づくことが恐ろしい。けれど、一方では、神に人生を捧げた高山右近のような生き方にある種のあこがれもあった――そんな矛盾する秀吉の人間像がフロイスの記録の中から垣間見えてきます。これは、織田信長の人間像を描いた時も同じです。フロイスは、信長に対しても、その傲岸不遜な態度に対し、厳しい評価を下しています。一方で、信長がキリシタンや伴天連を保護し、好意を寄せていたという側面も客観的に紹介しているのです。

✠伴天連追放令

大坂城築城から三年間は、秀吉とキリシタンとの間には蜜月期間と言われるような友好ムードがありました。しかし、状況は暗転します。

一五八七（天正十五）年七月、独裁者としての顔を持つ秀吉は、突然、伴天連追放令を発布したのです。実は、右近にとって、秀吉のキリシタンに対する優遇政策はうれしくもあり、また心配でもありました。その傲岸不遜な生き方や、欲情を満たすためなら、どんな悪辣な手段もいとわない秀吉が、姦淫の罪を糾弾するキリシタンに対し、いつまでも好意を示すとは到底思えなかったのです。

右近は、イエズス会の司祭に「デウスの事業はつねに、悪魔から妨害されるものなのである。私は間もなく、悪魔による大いなる妨害と反撃が始まるように思えてならぬ故、司祭たちもまた、我々にしても、そうした事態に対して十分な備えが必要である」と語っています。

後で分かったことですが、伴天連追放令が布告される前には、秀吉に反伴天連という思いを抱かせる伏線がいくつもありました。その一つが、秀吉が博多に赴いた際の出来事でした。秀吉は、自分の欲情を満たすため、施薬院全宗《せやくいんぜんそう》に、有馬の地に行き、器量が良く、かつ身分のある家の娘たちを探して連行するようにと云いつけています。全宗とは、仏僧から還俗して、秀吉の侍医《じい》となった人物で、秀吉の妾《めかけ》を斡旋するというはなはだ悪辣《あくらつ》な働きをしていた男です。

ところが、全宗が有馬に行ってみると、有馬の住民の大部分がキリシタンであったため、彼は自分がこれと思った幾人かの婦女子たちの強硬な抵抗に出くわしたのです。これら婦女子のある者は、貞潔の誓いを立てており、また他の者は、良心の呵責《かしゃく》とデウスへの畏怖心《いふしん》から、その様な関白の命令から逃れようと涙を流し、できる限りの抵抗を試みたのです。

全宗はこの事態に激怒します。彼自身、根っからのキリシタン嫌いでしたから、自分が全権をゆだねられている有馬の地で、「後ほど、関白殿が、日本から伴天連全員を追放しキリシタンを絶滅するよう、自分は関白殿に働きかける」と公然と言明したのです。

全宗から、有馬でのキリシタンの抵抗の様子を聞かされた秀吉は、欲望が満たされないと知ると激昂します。そして、家臣たちには、欲情を満たせなかった憤りという「本音」は隠して、伴天連追放の正当性を語っています。

ルイス・フロイスの『日本史』には、伴天連追放令に関する資料が詳細に記述されています。しかし、フロイスはカトリック司祭の立場で、伴天連追放令を突然、秀吉が出したのは、神の働きを阻止しようとする悪魔の仕業であると結論づけています。

その悪魔の誘惑に秀吉は負けたというのです。「肉欲と不品行においてきわめて放縦に振る舞い、野望と肉欲が、彼から正常な判断力を奪い取った」とフロイスは言います。

キリスト教は悪魔の存在を否定しません。聖書には、神の被造物であるにもかかわらず、自らが神であるかのように高慢になった天使の話が出てきます。その天使が神に捨てられて堕天使となり、悪魔に変身したと考えられています。

秀吉の心変わりについては、さまざまな理由が挙げられます。第一に、キリシタンの隆盛に、自らの権威が脅かされるという恐れを感じた。だから、ポルトガルとの関係は純粋に商取引の分野に限定して、日本人の心を変え、ライフスタイルを変えるキリシタンを排除していく。その第一段階として、伴天連と呼ばれた、ポルトガルから来た司祭たちを追放する。秀吉自身は、日本は仏教の国なのだから、外国の教えであるキリシタンは必要ではない、といった理由を述べています。しかし、これは、詭弁《きべん》に過ぎません。秀吉には元々宗教心はなく、仏教についても、それを保護するというより、むしろ排除して来た過去があります。

ですから、これらの追放の理由をいくら並べても、真実の姿が見えてきません。フロイスの言うように、人間の領域を超えた悪の力が働いていた、という他ない状況で、伴天連追放令が出されたと見るべきかも知れません。高山右近直筆のローマ教皇宛てのポルトガル語書簡が、バチカン公文書図書館に収蔵されているということですが、その書簡の中にも、こんな右近の言葉があります。
「教皇様もご存知のとおり、遠く離れた島国の日本国では、無知や迷信に包まれており、善悪の判断ができません。指導者の頭、関白豊臣秀吉の心に悪魔が入りこみ日本におられる神父様への迫害を始めました」（高橋敏夫著『高山右近を追え！』）

あれほど信頼を寄せていた高山右近を、伴天連追放令に先だって、処分しようとした秀吉の心情も謎です。ただ、キリシタンの世界の中心に右近がいた、いう認識は秀吉にはあったでしょう。だから、真っ先に処分を考えざるを得なかった。

伴天連追放令によって、秀吉の実像は歪められます。キリスト教側から悪者にされるのもやむをえません。しかし、冷静にその後の推移を見てみると、秀吉は、右近を追放後も、彼の武将としての力を評価して再び登用しているのです。宣教師たちも、追放令により、長崎に追い出されはしますが、時の経過と共に、日本各地で活躍する時がやってきます。不思議にも、秀吉と宣教師たちとの交流は、1596（慶長元）年、サン・フェリペ号事件が起こるまで続いていたのです。右近にしても、最期にはフィリピンへと流刑となりますが、これは秀吉の死後、徳川家康の時代になってからです。

✠右近の処分

秀吉は、伴天連追放令を司祭たちに通告する前に、まず、高山右近と絶交することを決意します。キリシタンから、この大黒柱を奪ってしまえば、他の全員は弱体化するにちがいないと考えたからです。そこで、秀吉は、茶道頭の千利休にその処分言い渡しを命じたのです。秀吉の言い分はこうです。

「予はキリシタンの教えが、日本において身分ある武士や武将たちの間においても広まっているが、それは右近が彼らを説得していることに基づくことを承知している。予はそれを不快に思う。なぜならば、キリシタンどもの間には血をわけた兄弟以上の団結が見られ、天下に累を及ぼすに至ることが案ぜられるからである。

同じく予は右近が先には高槻の者を、そして今は明石の者をキリシタンとなし、寺社仏閣を破壊せしめたことを承知している。それらの所業はすべて大いなる悪事である。よって、もし今後とも、汝の武将としての身分に留まりたければ、ただちにキリシタンたることを断念せよ」（ルイス・フロイス『完訳フロイス日本史』④巻）

ここで、右近が、寺社仏閣を破壊した、という言葉が出て来ますが、高槻において、まず、仏僧の改心があり、その延長線上に仏寺を解体し、その跡地に教会を建てたという経緯があります。右近が、むやみに仏寺を破壊し尽くしたと言うわけではなかったのです。むしろ、多数の仏僧が窮地に陥り、自害しようとした時、その命を助けたのは右近でした。

さて、秀吉の処分の言葉を聞かされた右近はどうしたのでしょうか。その時の弁明の言葉をフロイスは記録しています。

「私が殿を侮辱した覚えはまったくなく、高槻の家来や明石の家臣たちをキリシタンにしたのは私の手柄である。キリシタンをやめることに関しては、たとえ全世界を与えられようとも致さぬし、自分の霊魂の救済と引き替えることはしない。よって私の身柄、封禄、領地については、殿が気に召すように取り計らわれたい」（ルイス・フロイス『完訳フロイス日本史』④巻）

この右近の窮地に際し、彼ときわめて親しい武将らが、心配の余り右近を訪ね、説得します。「返事を少しく和らげてはどうか。たとえ、胸中、いかようにキリシタンであっても、こうして突如、所有物一切を喪失し、すでに、老齢の両親、妻子、その扶養する大家族を見捨てるがごとき過酷な事はせぬように。せめて、関白となんらか折り合いがつくように口上してはどうか」

しかし、右近の決意は変わりません。「デウスのこと、および、その教えに関する限りは、一点たりとも変えるわけには参らぬ」と武将たちに再度、言明したのです。

秀吉は、恐れを知らぬ右近の姿に圧倒されます。再度、使者を出し、説得を試みようとします。ここに、秀吉の右近への心情が表れています。人間的には、右近を追放したくはないのです。

右近が信じるデウスは、秀吉をも愛し導かれる神であることを、秀吉は知らなかったのでしょうか。知っていたとしても、秀吉の罪がデウスへの道をさえぎっていた。そこに、秀吉の悲劇があるように思えてなりません。

秀吉と右近――この二人の息詰まるような対決の中に、人を相手にする人生か、天を相手にする人生か、そのどちらを選ぶのか、という問いが迫ってきます。

高山右近のキリシタンとしての生き方を狂信的と評する人もいます。なぜ、妥協できないのか、と批評する声もあるでしょう。けれど、すべてが相対的で茫漠《ぼうばく》とした日本の精神風土の中で、「真理は真理である」と動じなかった右近の姿は、時空を越えて、今も、強く訴えかけているのです。

「ジュスト（右近）は、関白の伝言を齎《もたら》した使者を帰らせると、内心、不可思議な力、および霊魂の安らぎを感じ、イエズス・キリストの愛ゆえに殉教の栄冠を得たいとの欲望に駆られた。そして大小の刀剣を捨て、関白の前に自ら出頭し、我らの聖なる教えが、明白、かつ至当の道理である次第を開陳し、すでに以前からこうした機会に披瀝《ひれき》しようとしてつねに準備していた説教を関白に対して試みようと今にも出かけようとした。だが同席した親しい貴人、武将、家臣、一族郎党らは、その行手を遮《さえぎ》った」（ルイス・フロイス『完訳フロイス日本史』④巻）

友人は必死に右近を説得します。「関白は、必ず貴殿を殺すよう命じるであろう。それは、貴殿の功徳になったとしても、残されたキリシタンはどうなる。さらに窮地に立たされるではないか」。その説得は延々と続きました。そして、一旦、右近は思い止まります。しかし、遂に、右近の追放令は、七月二十三日、伴天連追放令に先立つこと二日前に出されたのです。

追放令が出された翌朝、右近は家臣や武将を呼び、こう静かに語り出しました。

「汝らは今日までこんどの事件の経過を眺めて来た。我が身の関する限り、予はそれをいささかも遺憾に思わぬのみか、己が信仰を表明でき、また我らの主なるデウスの名誉と栄光のために多年待ち望んでいた苦しみを味わえる機会が与えられたことを非常に喜んでいる。

だがこの際ただ一つ気がかりなのは汝らのことである。すなわち汝らは予とともに天下の主（関白殿）に仕えようとして、いとも大いなる危険に身命を捧げて予に尽くしてくれた。汝らは、（戦場において）勇気を示し、それによって少なからぬ名声と栄誉を獲得された。（予が遺憾に思うのは、）今、それに対して報いることができぬことである。だが、予手ずから汝らに恩返しができぬ以上、予はそれを全能なるデウスの強力にして偉大な御手に委ねる外はない。

なぜなら汝らはキリシタンであり、その教えをわきまえていることゆえ、デウスはこの世においては、汝らが目下の迫害のため世俗的な財に事欠くに至らしめても、来世においては現世における労苦の報いとして無限の栄光と財宝を汝らに与え給うことであろう。ここに改めて汝らに乞い、汝らに対する愛情から篤と願いたいのは、爾今《じこん》（今から後／編集部註）、汝《なん》らが勇気を持って信仰に踏み留《とど》まり、自ら範を垂れ、良きキリシタンとして生きることであり、予はそれを期待している」（ルイス・フロイス『完訳フロイス日本史』④巻）

右近は、これらのことを、柔和に落ち着いて、しかも、時に笑みを浮かべながら、毅然と語ったので、一同は息をこらして耳を傾け、深い感銘を受けたのです。

右近が、秀吉から追放令を受けた時、九州の博多にいました。心配した家臣や友人が、博多に駆けつけます。ここは妥協して、関白に赦しを乞えというのです。信仰は心の問題なのだから、それを捨てる必要はないが、建前として関白に従って、財産や名誉、地位を守れ、と説得します。

しかし、右近の決意は変わりません。「私に対し貴殿らが示された愛情、また私が財産や領地を失ったことに対して寄せられた同情なり悲しみについて、私は貴殿らに深く謝意を表します。しかし本件についてはこれ以上言及されぬようお願いしたい」（ルイス・フロイス『完訳フロイス日本史』④巻）と述べたのです。

ところで、この右近の追放について、その前兆があったことを、黒田官兵衛は知っていました。彼が、司祭らに打ち明けたところによると、秀吉に取り入って色々と策略をめぐらせていたあの施薬院全宗《せやくいんぜんそう》が官兵衛にこう言ったというのです。「キリシタンの武将が数を増しているのははなはだ面白からぬことで、それは、右近とその仲間が関白に対して何事かを企んでいるからである。だから、キリシタンを禁制にすることを関白に提言する」

この話を官兵衛から聞いた司祭は、早速、右近に話したところ、右近は次のように言ったといいます。「悪魔は嫉妬深く、かくも多くの崇高なキリシタンへの改宗者が出ることを、そうした方法で妨害しようと懸命になっているのである。でも、私は、この仕事から手を引かぬ決意である」

伴天連追放令が出され、右近は、文字通り、追放の身となります。一時、博多湾の小島に身を隠し、秀吉が博多を去った時、右近は淡路島へ行き、そこから室《むろ》（瀬戸内海の島・室津と推察／編集部註）へ。最後に室から、オルガンチノ神父と共に、小豆島へ逃れて行きます。それは、一五八八（天正十六）年のことでした。

第五章　強まるキリスト教弾圧

✠官兵衛の消息

黒田官兵衛は、一五八三（天正十一）年、完成したばかりの大坂の教会で、キリスト教の洗礼を受けました。

ルイス・フロイスの『日本史』には、シメオン小寺と出て来る人物が官兵衛のことです。彼がキリスト教に近づいたのは、先に触れたように、二十歳前後、堺や京都にすでに駐在していたイエズス会の宣教師や、日本人修道士ロレンソ了斎《りょうさい》との出会いからだと言われていますが、高槻城主・高山右近の影響も大きかったと考えられます。

同じ主君に仕える戦友であり、茶道仲間であったことも、二人を近いものにし、右近の熱心な勧めで、官兵衛はキリシタンになる決心をしたのです。

官兵衛は、特に、洗礼を受けてからの二年間、伴天連追放令が発布されるまでは、多くの人々を教会へ導いています。官兵衛の勧めでキリシタンになった人のなかには、彼の三人の弟と息子の長政《ながまさ》、豊後（大分）の大名・大友義統《よしむね》、毛利秀包《ひでかね》、後に、萩で殉教者となった熊谷豊前守元直などがいます。

山口に教会再興

前にも触れたように、黒田官兵衛のキリシタン大名としての足跡については、日本側の資料はほとんどといってよいほどありません。前述しましたが、一六一四（慶長十九）年、徳川家康によって、キリシタン禁制が全国に布《し》かれて以来、歴史書の中にはキリシタンに関する記述がなくなったのです。ですから、ここに、紹介する官兵衛に関する歴史的出来事のほとんどは、ルイス・フロイスの『日本史』にある資料からの引用です。

ルイス・フロイスの『日本史』は必ずしも、時代順に記述されてはいません。ですから、官兵衛の記録も、最後の方の第十一巻にくわしく紹介されています。

「そのような折に、関白殿の側近で小寺官兵衛殿シメアンと称する貴人が、都地方から、陸路来訪した。彼はわずか二年前に、（高山）ジュスト右近殿とその父ダリオ、および他の殿たちの説得によって大坂でキリシタンとなった。だが天下の君（関白秀吉）の重大な用務にたずさわる身であったので、キリシタンになった時にもデウスの話を聞く時間はほとんどなかった。そのようにキリシタンとしての基礎に欠けていたので、彼にはまだ、救霊のことについて真の喜びと感覚が身についてはいなかった。とはいえ、彼は大いに期待が持てる人物であり、稀有の才能の持ち主であるから、教えを聴聞する機会が与えられれば、その信仰はより強固となり、デウスへの奉仕に役立つ道具となることであろう」（ルイス・フロイス『完訳フロイス日本史』⑪巻）

これが書かれた頃、官兵衛は、四国征伐を成し遂げ、秀吉の信頼も厚く、いよいよ九州の制圧のため、西に向かう途上にありました。彼は、大坂を出発するに際し山口を通るので、そこに、新しい司祭館を造る手助けをするとイエズス会の司祭に約束していました。山口と言えば、ザビエルによって、キリスト教が伝えられ、一時期はキリシタンが増えた地域です。

ところが、その後、山口から司祭が追放され、二十年以上、土地の信徒は、苦渋の信仰生活を強いられていたのです。そこに官兵衛がおもむき、キリシタンの復興のため、力になろうと申し出てくれたのです。

官兵衛は、山口に到着すると、領主・毛利輝元に会い、司祭館の建設のため土地を提供して欲しいと要請、輝元も全面協力することを約束します。

当時、黒田官兵衛なる人物は、秀吉の次に人々に恐れられていたという説もあり、山口の主だった家臣たちは、官兵衛の前に出るときは、領主・輝元に謁見する時以上の緊張があったといわれています。それまで、山口のキリシタンたちは、見捨てられたような状況でした。ですから、司祭たちの前で、謙

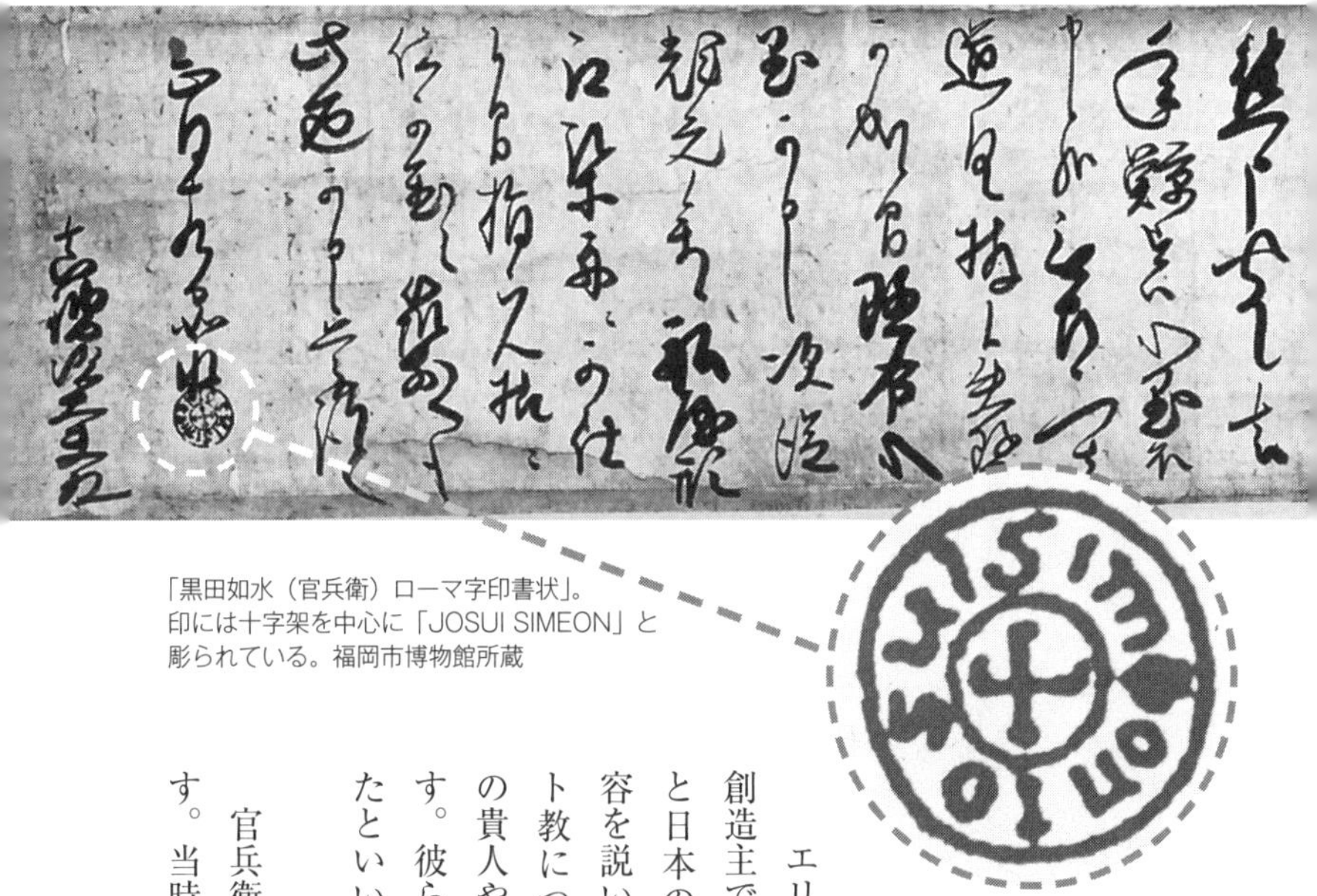

「黒田如水（官兵衛）ローマ字印書状」。
印には十字架を中心に「JOSUI SIMEON」と彫られている。福岡市博物館所蔵

遜に仕える官兵衛の姿を見て、どれだけ励まされたことでしょう。

山口県の港町・下関に行ったときには、官兵衛は、領主・毛利輝元の叔父にあたる小早川隆景《たかかげ》を、司祭コエリオに会わせています。コエリオは、食事の後、約一時間にわたって、天地の創造主であるデウスと、人類の贖《あがな》い主は唯一で、デウスと日本の神仏の相異をあつかった教理の最初の方の内容を説いています。この時、官兵衛は、なんとかキリスト教について人々に聞かせたかったのでしょう、大勢の貴人や、身分の高い小早川隆景の家来を勧誘していま す。彼らは、部屋の外の縁側から熱心に説教を聞いていたといいます。

官兵衛は、下関に司祭を定住させることにも奔走します。当時、九州への遠征を控え、その指揮官である官兵衛は、超多忙なはずです。ところが、下関に教会を建てる許可が出るや、家来の兵士を動員して教会の敷地の整備をさせているのです。

「同所（下関）に滞在していた間、官兵衛殿は改宗に対して深い希望と熱意を抱くようになり、諸事に多忙をきわめる身であったにもかかわらず、昼夜、デウスのことと我らの聖なる教えが弘まる（原文ママ）ことへの希望についてしか話そうとはしなかった。彼はしばしば次のように述べていた。『予は、このたびの戦いで成功したならば、関白がその功績によって一国の主《あるじ》に取り立ててくれることをデウスにおいて期待している。予はその国の住民がすべてキリシタンのみから成り立つよう定めており、同国の教会の権限を委ねるために一人の司祭を呼ぶ考えでいる』と。ところで彼が人々に対して行った説得は、デウスの御慈愛によって無駄にはならなかった。すなわち大勢の人々がのちほど、彼に動かされてキリシタンになったからである」（ルイス・フロイス『完訳フロイス日本史』⑪巻）

四国征伐から、九州への進出と、官兵衛にとって、武将としてもっとも過酷な時期にありながら、キリシタンとして、この時期、驚くような熱意で人々に伝道をしています。そして、戦場に、二人の日本人修道士を帯同し、教えを受けているのです。その修道士とはダミアンとジョアンです。

「官兵衛は戦場において、それら二人の修道士を時間の許す限り自分のもとに留め置き、傍で食事をさせたり寝かせたりして、まるで実子のように遇していた。ちょうど厳寒の折であったが、彼は夜分など彼らに自分の毛布をかけたりした。また自らが立ち添うことによって修道士たちを権威づけようとして、できうる限り軍勢の人々に対してなされる説教に出席するように努めた。

また時には、彼は、(二万を越える軍勢の総指揮官として膨大《ぼうだい》な仕事があることも忘れ)、夜中すぎになっても自分に対して修道士たちが特別な教理の話をしてくれることを希望した。彼はその際、不審に思う点を質《ただ》し、その回答に接して心からの満足を示し、また、デウスに寄り頼む方法とか、来世における公(神の/編集部註)審判や栄光や地獄のことなどについて質問した。というのは、彼はその時まで、そうしたまったく重大な諸問題についてほとんど何も知らずにいたからである。彼はこれらの教えを聞くことに深い満足と喜悦を示した。

こうして、彼は朝、顔や手を洗った後、自分を待っている大勢の主将や殿たちの前で、彼らと談話するに先だって、祈るためにコンタツ(カトリック教徒が祈る時に持つ数珠/編集部註)を求め、跪《ひざまず》き、両手を合わせ、(中略)ゆっくり注意深く、まだ不慣れな手つきで、十字の印しをし始めるのであった。このように祈りを続けていったが、それは真心のこもったもので、その信仰と信心は一同に感銘を与えずにはおかなかった。祈り終えると、頭と両手を床につけ、ひれ伏してデウスの前に感謝を捧げた。

彼はそうした行為を、いささかの気負いも不自然さもなしに行った。そしてその後、ただちに戦《いくさ》の諸事について協議し始めたが、見事な処理、判断、思慮をもってしたので、その目撃者たちに少なからぬ感銘を与えた。彼は時に、四十歳を超えていたであろう」（ルイス・フロイス『完訳フロイス日本史』⑪巻）

少し説明を加えますと、この時、官兵衛は、小倉城を征圧する準備をしており、結果、血を流すことなく、戦いは終わっています。官兵衛の説得で、相手は降伏したのです。その後、官兵衛は、味方の兵士のためだけでなく、敵方の貧しい兵士のために大量の衣類などを調達しています。

また、息子の長政《ながまさ》が遠路はるばる九州の地にやって来た時、こんな言葉をかけています。

「そなたが予を父と思い、とりわけ何事かにおいて予を喜ばせようと欲するならば、そなた、ただちにキリシタンの説教を聴いてもらいたい。だがそなたがキリシタンになることを強制しようと思っていない。それは、我らの主なるデウス様が、そなたに与え給うはずの御恵みと、聴聞した教えについての理解のほどに待つべきことだからである」（ルイス・フロイス『完訳フロイス日本史』⑪巻）

後に、長政は洗礼を受けますが、徳川幕府のキリシタン禁教令が発布されると、長政の信仰は揺らぎます。ところが、あとの話になるのですが、官兵衛の葬儀の時は、遺言通り、長政がキリスト教式で執り行ったのです。もっとも、長政は、そのキリスト教葬儀の後には、お寺での葬儀もしていますから、まず、父の顔を立て、その後、異教徒の身近な人々にも配慮して、というふうに、いかにも日本人的な気配りのある葬儀の扱い方をしています。

官兵衛の信仰は、洗礼を受けた当初はそのキリスト教理解は浅いものだったようです。高山右近やその父・ダリオ飛騨守の熱心な誘いから改宗したという側面もあったでしょう。とは言え、官兵衛は、戦場で、神（デウス）との距離をせばめて行きます。死と隣合わせの戦場で、官兵衛は、修道士を通して、天を想う生涯のすばらしさを実感していくのです。

しかし、この九州遠征で功績をあげた官兵衛にも、一年後に試練の時がやって来ます。前にも書いたように、秀吉が伴天連追放令を突然、発布したのです。

教会の弁護者

さて、一五八七（天正十五）年の伴天連追放令が出た時、右近は追放の身となりましたが、官兵衛も窮地に立たされています。フロイスによると、秀吉は、官兵衛に右近にしたような制裁はしませんでしたが、彼がキリシタンであることから、当初は、九州の二つの所領を与えようとした考えを変え、豊前の一つのみしか与えなかったと言います。ちなみに、豊前とは、現在の福岡県東部から大分県北部にまたがる地域です。

江戸時代初期の福岡の街の地図「慶長御城廻御普請伺絵図」。右頁の大きな中州のある川の右側が商人の町・博多。左側が黒田家が築いた武家の町・福岡。福岡市博物館所蔵

「この時には、官兵衛は信仰のことにおいて、非常にしっかりしていて、しばしば、神父と話したり、手紙を書いたりして、その時に成すべき事を勧め、いつでも、教会のために命を捧げる覚悟ができていると言っていました」（結城了悟『キリシタンになった大名』内の引用文より）

右近が追放されたため、代わりに、官兵衛が教会の弁護者の役割を担うことになりました。横暴な秀吉に対し、司祭はどういう態度を取ったらいいのかなどのアドバイスもしたようです。一五九一（天正十九）年、天正使節団が、八年ぶりにヨーロッパから帰国した時には、官兵衛が使節団長のヴァリニャーノを秀吉に会わせています。四人の少年たちは秀吉に謁見が許され、持ち帰った活版印刷機などの文明の利器を紹介しています。しかし、この時は、伴天連追放令が出された後のことです。どうして、秀吉は宣教師に会うことを受け入れたのでしょうか。そこには、官兵衛の並々ならぬ陰の働きがありました。

「ある日、黒田官兵衛が我ら（使節団一行）のためを思って発言すると、関白殿は、次のように言って咎めた。『汝は、性懲りもなく、伴天連どものことを話すのか。汝がキリシタンであり、伴天連らに愛情を抱いておったために、予は汝に与えようと最初考えていたより低い身分にしたことを汝は心得ぬか』と。こう言って関白殿は黒田官兵衛の口を封じたので、その後、官兵衛は、我らのことを関白殿の前であえて言うことができなかった。にもかかわらず、我らに対する愛情から、官兵衛は我らの用件を遂行するために別な手段を講じた。ついに、（官兵衛は）増田右衛門と呼ぶ異教徒の殿に頼んだところ、殿はただちに、決意のほどを示し、（巡察）師の一行のことを関白殿に進言した。そこで、はじめて関白殿は、（巡察師）一行が伺候するのに同意した。」（イエズス会年報 1591 - 92 年度）

ただ、官兵衛にも信仰的に試練の時があったのは確かです。これは後のことになりますが、一六〇〇（慶長五）年頃、宣教師の手紙のなかに、どんな問題があったかは不明ですが、彼の信仰がやや不熱心になったという意味のことが記されています。関ヶ原の戦いの後、官兵衛が尊敬していた司祭・ヴァリニャーノは、官兵衛に直接、信仰について忠告をしています。

とはいえ、右近は追放され、熱心な信者だった小西行長も処刑され、当時の教会にとって、官兵衛以外に頼るべきキリシタン大名がいなかったのも確かなのです。表では、秀吉に恭順を示しつつ、陰では何とかキリシタンを守ろうとした官兵衛の真実が心を打ちます。

ここで、復習の意味で、洗礼を受けた前後の官兵衛の武将としての足取りを追ってみます。

一五八二（天正十）年　備中高松城の水攻めの最中に、主君・織田信長が、本能寺で明智光秀に討たれたとの報が入る。これを聞き、泣き崩れる秀吉に官兵衛は、「信長様の仇を討てば、天下が秀吉様に回ってきましょう」と天下取りを進言。その後、秀吉軍は一週間で京都までの二百キロを移動、世にいう「中国大返し」で、一気に明智軍を粉砕、この時の戦には、右近も参戦、光秀を追い詰めている。

一五八三（天正十一）年　三十八歳、大坂城築城に際し、普請奉行となる。キリスト教の洗礼を受ける。洗礼名シメオン。

一五八五（天正十三）年　四国征伐。

一五八六（天正十四）年　九州攻めの先鋒を務め、豊前国に侵攻。官兵衛は、秀吉の九州攻め先遣隊の軍師として、諸大名の勧誘工作に当たる。秀吉軍本隊の九州入り前にかなりの大名を秀吉側に引き入れるなど、大きく貢献する。

一五八七（天正十五）年　官兵衛は、秀吉による九州平定の論功行賞として、この年七月に、京都《みやこ》、中津、築城《ついき》、上毛《こうげ》、下毛《しもげ》、宇佐の豊前六郡十二万石の領主となり、翌年、中津城を築城。以後、一六〇〇（慶長五）年の関ヶ原の戦いで活躍した息子長政《ながまさ》に与えられた筑前（現・福岡市）の領地に移り住むまでの十一年間、一国の領主でありながら、秀吉の軍事参謀としての活躍が続いた。

右近、再び戦場へ

一方、追放された右近は、どうなったでしょうか。官兵衛が中津城の築城を始めた頃、小豆島に居住していた右近は、備中へ行き、父・飛騨守ダリオを訪ね、そこから、宇土を通って加津佐に至り、そこで司祭コエリオに会っています。

ところで、突然、京都にいた秀吉から呼び出しが来たのです。秀吉にとって、信仰を捨てずに真理の道を進む右近は常に、まぶしい存在でした。

キリシタンは許せない。しかし、武将として、秀吉に忠誠を尽くしてきた右近を秀吉はどうしても見捨てることはできなかった。

秀吉は、右近を金沢に送り、そこで、前田利家《としいえ》の下に二百十六石の小禄を与えます。これは、かつて、高槻城で十二万石を得ていた右近にとって、あまりにも過酷な仕打ちにも見えます。しかし、翌年、秀吉の弟・秀長のとりなしで、禄高を四万石に増やされています。秀長は、「名補佐役」として評価された人物で、数多くの武功を立てたにもかかわらず、自らの功績を決して誇らなかったといわれています。

一五九〇（天正十八）年、金沢の前田利家にあずかりの身ながら、右近に、武勲を立てるチャンスがやって来ました。秀吉の小田原城攻撃に、前田利家に従い参戦したのです。ここで、右近は著しい戦功をあげ、その働きは秀吉に称賛されることになります。

秀吉に追放された右近は、加賀藩主・前田利家あずかりの身となり、金沢を中心に活動するのですが、当時の、右近に対する秀吉の態度には大変興味深いものがあります。

一五九二（文禄元）年、秀吉は、右近を京都に再度、呼び付けますが、すぐには、右近には会おうと

「千利休画像」堺市博物館所蔵

はしません。

秀吉が肥前名護屋（現在の佐賀県唐津市）へ行った時、右近も同地に赴きます。本当は、右近にすぐにでも会いたかったのでしょうが、そこは、一度は右近を見捨てた手前、秀吉は、二か月も待たせた後、右近を引見《いんけん》しています。愛憎半ばする秀吉の右近に対する気持ちの揺れが表れています。

右近に会い、秀吉は気を良くしたのか、二日後には、右近と前田利家を茶会に招いています。肥前名護屋では、秀吉は右近をたびたび行事に同行させています。同時に、伴天連追放令が出たにもかかわらず、右近は、名護屋でパシオ神父やジョアン・ロドリゲスらイエズス会宣教師と会って交友を深めたのです。

利休切腹

一五九一（天正十九）年、その悲劇は、突然、起こりました。秀吉が千利休に切腹を命じたのです。千利休は、元々は、商業都市・堺で海産物を扱っていた商人です。ところが、織田信長の時代、茶道家として頭角を現した利休は、信長の茶頭の一人となり、信長の死後、秀吉が天下統一を成し遂げていく過程で、秀吉のなくてはならないブレーンとなっていきます。

それにしても、なぜ利休に切腹を命じたのか。

秀吉が利休に切腹を命じた理由としてあげられるものには、大徳寺の山門に利休自らの木像をかかげ、秀吉が「自分もその下を通るのは不敬である」と怒ったとか、茶の湯の価値観が相いれなかった、とか、茶器売買に不正があった、とか、諸説ありますが、好色な秀吉が、利休の次女の三《さん》を側室にしようとした時、利休はこれを拒絶し秀吉の怒りを買った、という説も有力です。

果たして真相はどこに、と考えていた時、ルイス・フロイスの『日本史』のなかに、利休が嫌悪するような、秀吉の淫蕩で残虐な人間像が描かれていたのです。

「関白秀吉は極度に淫蕩で、二百名以上の女を宮殿の奥深く囲っていたが、さらに、都と堺の市民と役人たちの未婚の娘および未亡人をすべて連行して来るように命じた。そして、容姿の美しい者はほとんど残らず、関白の元に連行された」（ルイス・フロイス『完訳フロイス日本史』⑤巻）

利休にとって、愛する娘が、秀吉の慰み者になるのは耐え難い屈辱であったでしょう。秀吉の申し出に、怒りを持って反抗したことは十分あり得ることです。それが、秀吉を狂わせ、突発的に切腹を命じた、と考えることもできます。

利休の死後、千家の茶道は途絶えたかに見えました。それを救ったのが、会津若松城主・蒲生氏郷《がもううじさと》でした。後に、利休七哲に数えられるほどの茶人で右近とも親しい間柄でしたが、この氏郷が、利休の息子・少庵《しょうあん》を会津若松に匿《かくま》ったのです。

そのお陰で、千家の茶道は途絶えることはありませんでした。後に、京都にいた氏郷は徳川家康と連名で書いた「少庵召出状」なるものを会津にいた少庵に送っています。これは、秀吉の許しが出たので、すぐに、都に帰ってくるようにとの呼び出し状で、今も、表千家家元に伝わっているものです。

この「少庵召出状」を受け取った少庵は京都に帰り、千家を再興し、千家茶道は一子・宗旦に引き継がれました。その後、宗左、宗室、宗守の三人の孫に依って、〝表〟、〝裏〟、〝武者小路〟の三千家が興され、今日の茶道の興隆の礎が築かれました。

一五九五（文禄四）年、右近はその蒲生氏郷を病床に見舞い信仰が回復するよう励ましています。右近と氏郷は茶道頭・千利休の弟子仲間であり、はじめは信仰に無関心だった氏郷を右近が忍耐強く導いたという経緯がありました。

伴天連追放令以後、キリシタン大名として信仰が弱くなっていた氏郷ですが、その最期について、母国に送ったオルガンチノ神父の手紙があります。

「ユスト右近は（氏郷《うじさと》の）臨終に居合わせ、彼に善き最期を遂げさせるよう努力した。右近殿は、そのために携えてきた小さな十字架を死に行く友の前に見せて、罪について完全な痛悔の念を明らかに表したが、これによって、彼は、主をもっと良く認め、もっと忠実に主に仕えなかったことを悔いる心を示した」（高橋富雄編『蒲生氏郷のすべて』）

同じ頃、京都では、右近の父、ダリオ高山飛騨守が病床に伏していました。右近は父の最後の数日を共に過ごしています。その遺体は京都の屋敷の庭に埋葬されましたが、後に、それは遺言によって、長崎へと運ばれて行きました。

ダリオの晩年は、この世的には不遇でした。しかし、天を想い、人を愛し続けた、その生きざまは、息子・右近に引き継がれ、多くの人々に、生きる喜びを分かち合うことができたのです。

✠二十六人の殉教者

一五九六（慶長元）年七月、フィリピンのマニラを出航したスペインのガレオン船、サン・フェリペ号は、メキシコを目指して太平洋横断の航海についていました。途中、東シナ海で台風に襲われ、漂流し、三か月後には、土佐沖に漂着、知らせを受けた長宗我部《ちょうそかべ》元親《もとちか》の指示で、浦戸湾内に曳航《えいこう》されました。

船長のランデーチョは、豊臣秀吉に謁見を求めますが、それは叶わず、京都奉行から派遣された増田長盛が船員全員の名簿を作成、積荷の一覧表を作り、全員を拘束します。さらに、所持品や所持金の全てが没収されるのですが、その時、長盛は、漂着したスペイン人に対し強い態度で臨み、「スペイン人たちは海賊であり、ペルー、メキシコ、フィリピンを武力制圧したように日本でもそれを行うため偵察に来たに違いない、ということを都にいるポルトガル人三人から聞いた」という秀吉の書状の内容を明らかにしたのです。

この証言は、後に、船長のランデーチョの報告書に書かれていますが、一説には、積荷を没収されたスペイン人船員が、腹いせに、「スペインは領土征服の第一歩として宣教師を送りこむ」と言った暴言が秀吉を激怒させたといわれています。

十二月八日、秀吉は、再び、キリシタン禁教令を公布します。これが、サン・フェリペ号事件の二か月後ですから、当然、その事件が、直接の要因であることは確かですが、すでに、その前に、秀吉が伴天連追放令を出しているにもかかわらず、スペインから新たに来たフランシスコ会の司祭や信徒たちが、大胆な宣教活動をしていたことも秀吉の怒りを買ったことも確かなのです。

伴天連追放令後には、イエズス会の宣教師たちは、表立った活動は控えていましたから、フランシスコ会の活動は挑発的に見えたのもやむをえません。

秀吉は、京都奉行の石田三成に命じて、サン・フェリペ号に乗っていたフランシスコ会宣教師と、京都に住むフランシスコ会司祭、及びキリシタンを捕縛するよう命じています。その結果、京都奉行所は、大坂と京都に住む、フランシスコ会司祭七人と信徒十四人、イエズス会関係者三名の合計二十四人を捕縛、後に、長崎に一行が送られる途中で、彼らを助けようとしたかどで二人のキリシタンが捕まっています。

17 世紀、イエズス会宣教師によって書かれた『日本の花束』の日本地図。日本での殉教者や宣教師を花にたとえてレポートしている。大分市歴史資料館所蔵

実は、当初の逮捕者名簿には、高山右近の名もあったという説もあります。しかし、イエズス会に同情的だった石田三成が、その右近の名を消したというのです。石田三成は、後に、徳川家康の天下取りの時、叛旗をかかげ、関ヶ原の戦いに敗れ処刑された人物として知られていますが、三成は、もう一人、名簿にあったイエズス会の三木パウロをも助けようとしたようです。しかし、それは叶いませんでした。

当時、右近は、大坂、京都で積極的に布教《ふきょう》活動をしていました。始めに作られた逮捕者名簿には、右近の名もあったというのは、そのあたりの事情が関係していたのかも知れません。ただ、逮捕者二十四人の肩書を見ると、七人がフランシスコ会の修道士か司祭で、あとは、信徒です。中には、信徒で十二歳の少年の名前もあります。イエズス会の信徒は三人だけです。ですから、七人のフランシスコ会の司祭たちが逮捕されるのは分かるとして、他の、十七人の信徒たちがどのような罪状で逮捕されたかは不明です。逮捕命令を出した秀吉がその人選をしたとは考えられません。犠牲になった人々がどういう人々であったかは、後で報告は受けたとは思いますが、最初の逮捕者名簿に右近の名があったことも秀吉はおそらく知らなかったと見るべきでしょう。

捕縛された二十四人のキリシタンは、京都・堀川通り一条戻り橋で、左の耳たぶを切り落とされ、市中引き回しという残酷な仕打ちを受けています。

一五九七（慶長二）年一月十日、長崎で処刑せよとの命を受け、一行は、大坂を出発、歩いて長崎に向かうことになりました。道中、イエズス会員の世話をするよう依頼されて付き添っていたペトロ助四郎と同じようにフランシスコ会員の世話をしていた伊勢の大工フランシスコも捕縛されました。二人は、付き添うことを止めれば助かっていたでしょう。しかし二人は、一行から離れることなく、信仰のために命を捧げる道を選んだのです。

厳しい寒さの中、一行は中国地方から九州へと進みました。岡山を通過する時、多くの人々が見守る中、その地の出であるディエゴ喜斎は、大声で、地元の人々に神の愛を説いたと言います。このことが、後に、岡山のキリシタンに勇気を与え、一六〇〇年には、この地で二千人が洗礼を受けています。

一行が長崎に着いた時、当時の長崎奉行・寺沢広高の弟・半三郎は、一行の中に、十二歳の少年ルドビコ茨木がいるのを見て、あわれみの心から、信仰を捨てることを条件に助けようとしますが、ルドビコは、その申し出を丁寧に断ったのです。子供では他に、十三歳のアントニオがいました。彼の父親は中国人で母親が日本人です。ディエゴ喜斎と五島のヨハネは、告解を聞くためにやって来たイエズス会のフランシスコ・パシオ神父の前で誓願を立て、イエズス会入会を許可されています。

処刑は、二月五日、長崎の西坂の丘の上で行われました。この日、長崎市内は混乱を避けるため、外出禁止令が出されましたが、四千人を超える群衆がそこへ集まって来たのです。三木パウロは、死を目前にして、人々に、自らの信仰の証しをしたと伝えられています。「天の父よ、彼らをお赦しください」

と祈る彼の最期の姿が記録として残っています。そして、二十六人のキリシタンが、槍に両脇を刺し貫かれて息絶えたのは、午前十時頃でした。

✠フロイス最後の報告

ルイス・フロイスは、この処刑の一部始終をすぐそばで観ていました。その凄惨な光景に胸が押しつぶされるような思いだったにちがいありません。それでも、彼は、その深い深い闇のような状況の中に、微かではありますが光を見ていました。

フロイスからローマのイエズス会本部宛てに出した「日本二十六聖人殉教報告書」には、処刑の様子が克明に記録されています。作家の井上ひさしは、その記録の抜粋を次のように記述しています。

「十字架は四つの部分から成っている。一つは胴《どう》である。他は上下二本の横木と、胴の真ん中に突き出ている短い木で、この短い木に殉教者たちは馬乗りになり、身体を支える助けとする。手足は釘ではなく縄でゆわえられた。十字架の横についている鉄輪《かんなわ》で手足を固定された者もある。首は首枷《くびかせ》に似た鉄輪で留められた。次に殉教者たちは胴と両腕の三ヵ所を十字架もろとも縄でぐるぐる巻きにされた。

こうしておいて、獄吏たちは十字架を起し、穴に差し込み、石をつめて動かぬようにした。十字架を起され、立てられるのは非常な苦痛のようで、殉教者たちは身体を痙攣《けいれん》させた。だが、それはほんの一

瞬のことであって、ふたたび全員の五体から、間もなくむくろになる身体から不思議な生気を溢れさせ、たがいに、

——すぐに苦しみは去りましょう。もうしばらくはお気をたしかに。

——ええ、まもなくぱらいそ（天国／編集部註）でお目にかかりますよ。

——主（神／編集部註）よ、あなたを守りたまえ。

——あなたに神の御恵みがありますように。

と声をかけあっている。やがて、その声が、

『ぜずす（イエス／編集部註）、まりや。ぜずす、まりや』

の一色《ひといろ》になり、その中から、『称《たた》えよ、主を。称えよ、主の御名を』と讃歌をうたう澄んだ声がきこえはじめた。声の主はアントニオという十三歳の少年で、このあいだまでわれわれの修道院へ教理の勉強に来ていた子である。

四名の獄吏はこの天使の歌声にさそわれたかのように槍《やり》の鞘《さや》を払った。『ぜずす、まりや』の声がさらに高くなった。四名の獄吏は二手に別れて走りながら全員に槍を刺した。二人のうちの一人は殉教者の左側から、もう一人は右側から槍を刺した。この二本の槍で殆《ほとん》どが絶息した。すぐに死なない者がいると獄吏はさらに一、二本刺した。『ぜずす、まりや』と唱える声は次第に細くなりながら、全員が絶息する瞬間まで続いた。苦痛から動いたものも、呻き声を出したものもなかった。全員が示した勇気と忍耐は大したものであった。傷口から血はとうとうと流れ出て、すぐにその大地に注いだ。なぜだろう。

ザビエル神父の布教《ふきょう》からまだ五十年も経っていないこの野蛮の地に、なぜ、かくも聖なる血が注ぎうるのか。なぜ日本土民はこのように堂々と神の栄光のために死んでいくことができるのか。神父の私をさしおいてなぜ……」（井上ひさし著『わが友フロイス』）

「日本二十六聖人殉教報告書」が、フロイスが日本で書いた最後の文書と言われています。日本に三十年間、滞在し、その記録を『日本史』としてまとめたイエズス会司祭ルイス・フロイス。長崎の殉教者の最期を見届けた五か月後、一五九七年七月八日に長崎の諸聖人教会で息を引き取り、遺骸は長崎の日本イエズス会墓地に埋葬されました。

第六章　それぞれの最期

✠秀吉の最期

二度にわたる朝鮮出兵は失敗に終わり、実子の鶴松《つるまつ》も死に、次に生まれた秀頼《ひでより》に望みを託すのですが、その時、すでに秀吉は六十二歳です。重い病から回復の見込みもなく、一五九八（慶長三）年八月十八日、徳川家康、前田利家《としいえ》ら五大老に秀頼を頼むと言い残して、伏見でその生涯を閉じました。秀吉が命令したあの長崎での二十六人のキリシタンの処刑が行われてから、一年半後のことです。

「露と落ち、露と消えにし、我が身かな、浪速《なにわ》の事は夢のまた夢」

この秀吉の辞世の句には、色々な解釈があります。ただ、言えることは、栄華を誇り、天下人となった人物としては、あまりに厭世的な表現ではあります。

豊臣秀吉の人物評価については、時代によって様々でしょう。明治から、昭和の初期にかけては、富国強兵政策や、身分が低いながらも、関白太政大臣になったということで、民衆の手本にしようとした試みもあり、好意的に捉えられていたと言えます。武将ながら愛嬌に満ちたそのキャラクター、臣下の黒田官兵衛などを使い、武力より知略で勝利を得るなど、プラス指向の人物として「太閤さん」と親しまれて来た面もあります。特に、政権の本拠地の大阪では、今でも人気が高いとか。

一方で、外国では、その評価は最悪です。特に、朝鮮半島では、侵略者として否定的であることはやむをえません。カトリック教会としては、キリスト者を弾圧した君主として、ユダヤのヘロデ王になぞらえられるほどです。確かに、信長や秀吉の人間像を身近に観察して、詳細に記録したポルトガル人司祭ルイス・フロイスにしても、秀吉の人物評は、暴君、残虐、淫蕩……と言葉の限りを尽くして、秀吉を酷評しています。

ところで、フロイスには、物事を客観的に観ようとする歴史家としての資質もありました。ですから、秀吉を酷評するにしても、実際に起こった出来事を具体的に提示していきます。その結果、秀吉の生の人間性が、表《あらわ》になって記録されているのです。

たとえば、秀吉が一時期、甥の秀次《ひでつぐ》に政権を委ねようとした時の、やりとりが、フロイスの『日本史』のなかに出て来ます。これなど、日本側の資料では、絶対見られない秀吉の人間臭い部分が現れています。

「関白はかねてより、天下の政権と関白の称号を彼（秀次）に委ねる考えであったので、その場において甥に対し、その任務の重さ、また広大な支配を司るに必要な熟慮について多くを語り、諄々《りょうりょう》とその理を説いた。そして他の教訓とともに、関白は次のように注意を与えた」（ルイス・フロイス『完訳フロイス日本史』⑤巻）

どんな、教訓かといいますと、家臣に対しては、柔和、愛情、憐憫をもって臨むように、とか、人を遇するに、真実と、誠意を持て、とか、威厳を保つためにも面目を損なうような軽はずみな行動をとるな、とか、勇気ある大胆な戦士として畏敬されるように、とか、しごくもっともな教訓が並べられています。問題は、この後の、忠告です。驚いたことに、秀吉は、自分の弱さを、正直に披瀝しているのです。

「汝が今、予が話したような賢明な忠告に従うよう全力を尽くし、できうるかぎり予を見習うよう努むべきはもとよりながら、予には、汝が真似てはならぬことがあることも感じずにはおれない。すなわち、予は賤《いや》しく、もっとも下層の家の出身であり、予の手腕によって最高最上の位階に到達し得はしたものの、予には幾つかの悪癖があり、それらを駆逐《くちく》しえなかったことは事実である。齢《よわい》を重ねるにつれ、それらの性癖も予の人柄には浸透してしまったからいまさらどうしようもないが、予は、世の中が善く治まるために、汝が人々にそうした印象を与えることを認めたくない。

その一は、一種の軽率さであり、予自らそれを感じている。その二は、予が遊楽のために、種々の場所に多数の女たちを囲っていることである。その三は、多くを求める心の欲求に対して節度を保たねばならぬことであるが、予は過度に茶の湯の招きに応ずるし、狩猟もこれを愛好し過ぎる。これらはこの関白という高い位にある者としてはふさわしくないことである」（ルイス・フロイス『完訳フロイス日本史』⑤巻）

これは、フロイスが、秀吉の身近で聞いた言葉を記憶し記録したものですが、ここに表れた生身の秀吉像が、あの辞世の句に重なり合ってきます。

かつて、「もし、側室をはべらせたままでいいのなら、キリシタンになってもいいぞ」と修道士ロレンソ了斎《りょうさい》に言った秀吉です。冗談ぽく聞こえるこの発言に、案外、秀吉の本音があったのかもしれません。だから、一方で、右近のような清廉な生き方にある種のあこがれがあった。

そう考えると、辞世の句「露と落ち、露と消えにし、我が身かな、浪速の事は夢のまた夢」には、もう少しで手が届くところに救いがあったにもかかわらず、自らの罪の故に、それに到達できなかった男の哀しみのようなものを感じるのです。

「私は心の中でいった。〃さあ、快楽を味わってみるがよい。楽しんでみるがよい。〃しかし、これも、なんとむなしいことか」

かつて、ユダヤの王・ソロモンは、「空の空、すべては空」と言って、あらゆる欲望を王という地位を利用して満たそうとしました。ソロモンもまた、秀吉と同じように、何百人という側女《そばめ》に囲まれて情欲を満たしていたのです。

「自分の人生は露のようにはかない」と言った秀吉、「快楽を極めてもなんとむなしいことか」と嘆いたソロモン。二人から聞こえてくるうめきのようなものは、もしかして、生きている実感がない、と人生の空しさを嘆く我々現代人にも無縁ではないのかも知れません。

ただ、ソロモンと秀吉には、決定的な違いがあります。それは、ソロモンは、創造主なる神を畏れていたということです。秀吉にも、そのチャンスはあったはずです。神（デウス）を畏れ、神の愛を信じて、天を想う生涯を送った高山右近が、すぐそばにいたのですから……。

神を信じていたソロモンは、自らの失敗を反省しながら、遺言のように、次のような言葉を残しています。

「あなたの若い日に、あなたの創造者を覚えよ。わざわいの日が来ないうちに、また『何の喜びもない。』と言う年月が近づく前に」（旧約聖書・伝道者の書12・1）

官兵衛の執り成し

織田信長が、明智光秀の謀反によって、本能寺で無残な最期を遂げた事件には、黒幕がおり、それがイエズス会の陰謀であったという説が、近年、取り沙汰されていることは前にも触れました。しかし、ルイス・フロイス『日本史』には、そのような陰謀説を裏付ける証拠となるような記述は見られません。

とはいえ、一五八七（天正十五）年、豊臣秀吉が、伴天連追放令を出した後、イエズス会の一部の司祭が、キリシタン大名を糾合して、暴君・秀吉の権力を奪おうと画策した事実はあったようです。

当時の、イエズス会日本副管区長コエリオは、黒田官兵衛に働きかけ、イエズス会の活動の延命策を計るため、伴天連追放令の撤回策を探っていました。しかし、この策略は、コエリオの独断とも言うべきもので、官兵衛も、その話を持ちかけられた時、それに反対、妥協策を提案しています。

一五九〇（天正十八）年六月、イエズス会インド副王使節ヴァリニャーノが来日した時、彼はコエリオの軽率を戒め、翌年に伴天連追放令の撤回を懇願するために再来日した際には、官兵衛が、秀吉との交渉の際のアドバイスを提案しているのです。それは、秀吉という暴君の性格を熟知した官兵衛ならではのアドバイスでした。曰く、宗教の話は余り持ち出さないこと、むしろ、イエズス会とポルトガル船の密接な関係、イエズス会の貿易への影響力を強調することを勧めているのです。

ところが、秀吉にとって、官兵衛は、イエズス会寄りの人物です。右近と同じように、追放という処分は受けませんでしたが、官兵衛がキリシタンであり、多くの武将に洗礼を受けるよう説得しているというわさを聞くや、その数々の武功にもかかわらず、結局、九州の二つの領地を与えることをやめ、豊前六郡のみの領主として、移封することになったと言われています。ちなみに、豊前地方とは、現在の福岡県東部から大分県北部にまでわたる地域です。

それだけではありません。官兵衛は、秀吉の不興を感じたため、一五八九（天正十七）年には、家督を長政《ながまさ》に譲って隠居の形を取り、〝如水《じょすい》〟と号することになったのです。もっとも、隠居と言っても、その後の官兵衛は、武将としては現役を続け、一五九〇（天正十八）年には、秀吉に従って、小田原城の攻略に加わり、翌年には、名護屋城築城の責任者として働いています。一五九三（文禄二）年には、浅野長政と共に、朝鮮への出兵を命じられますが、この戦いに乗り気でなかった官兵衛は、秀吉に無断で帰国し、秀吉の怒りを買います。

しかし、その後も、話し合いで血を流すことなく領土を占拠していくという官兵衛の戦略家としての功績は大きく、秀吉も、最後まで、官兵衛を引きたてることになります。

秀吉没後の二人

秀吉の死後、右近と官兵衛はどのような人生を送ったのでしょうか。年代順に記述してみましょう。

一五九八（慶長三）年　九月十八日、豊臣秀吉死去。十二月、官兵衛は九州の領地・中津を出て、伏見の新しい邸宅に入り、天下の形勢を見守る。この年、右近は金沢に居住。

一五九九（慶長四）年　官兵衛、家督を譲った長男・長政《ながまさ》、加藤清正らと石田三成を襲撃。十二月、徳川家康に請うて暇を貰い中津へ帰る。右近、前田利家《としいえ》の命により金沢城を修築。

一六〇〇（慶長五）年　九月、官兵衛、九千の兵を引き連れ中津城を進発。石垣原（別府市）の戦いで、大友義統《よしむね》の兵を撃破。この戦いで、キリストの十字架が付いた旗をかかげた。十月、加藤清正と共に柳川城を攻め、十一月、水俣にて、家康の停戦命令を受け、中津に凱旋。右近は、関ヶ原の戦いに、前田利家の長男・利長に従い大聖

「関ヶ原戦陣図屏風」(部分)。中央に描かれた十字架の旗の上にみえる騎馬武者が黒田長政。福岡市博物館所蔵

寺城の山口玄蕃と戦う。

一六〇一（慶長六）年　官兵衛、九州・福崎の地を福岡と改称して、ここに、城郭の建設を始める（七年後に完成）。この頃の福岡には千人ほどのキリシタンがいたという。右近、金沢で布教《ふきょう》活動。宣教師来訪の時のため、住居と教会堂を建設。京都より、イエズス会司祭が金沢を訪れ、数日滞在。

一六〇二（慶長七）年　この年、家康、二条城を京都に築城。官兵衛、京都の一条通猪熊の邸にて、連歌の会を催す。右近、前年のごとく、神父一人を金沢に招く。

一六〇三（慶長八）年　官兵衛、京都に行き、キリシタンに好感を持っていた秀吉の正妻・北政所を見舞う。二月、福岡に帰る。十一月、体調を崩し、有馬温泉にて静養。右近が住む金沢には教会堂が一つあり、当時六百名のキリシタンがいた。

一六〇四（慶長九）年　官兵衛、正月に、伏見の藩邸に帰る。三月二十日、予告した通り、この日辰ノ刻に死去。遺体は船で三日かけて博多に運ばれ、官兵衛の遺言で、葬儀は博多の教会でキリスト教式で行われた。右近はこの年、官兵衛の最期を知らないまま、金沢の地で、京都から司祭を招き、布教活動を行っていた。

九州のキリシタン

・ＮＨＫ大河ドラマ「軍師　官兵衛」の二〇一四年の放映が決まった時、官兵衛の生地・姫路、十三年間領主として君臨した大分県の中津、そして、晩年に赴任した福岡、この三つの都市では、町起しのチャンスとばかり、様々な官兵衛関連の施設が整えられ、観光客誘致も盛んになっているとか。
特に、キリシタン大名としての官兵衛の功績は九州の福岡に残されており、その葬儀も、この福岡・博多の地で、キリスト教式で行われたため、現地では、信仰の遺産の再発見の期待が高まっています。


九州――そこは、最初の宣教師ザビエルが上陸した地であり、キリシタン文化が最も花開いた地域でもあります。最初のキリシタン大名・大村純忠《すみただ》も、長崎の地で生まれ、そこで、キリスト教に出会っています。

先日、黒田官兵衛の足跡を追って、大分県を訪れた時、キリシタンに関する話題をいくつも聞くことができました。大友宗麟《そうりん》が支配していた臼杵《うすき》市では、新たにキリシタン墓地の跡が発見されたと、ローカル・テレビで放映され、大分の老舗《しにせ》菓子店「菊屋」が二〇一四年にキリシタン殉教地、湯布院に「大友宗麟館」をオープンするというニュースも流されました。「菊屋」が販売しているお菓子に「ザビエル」と「クルス」がありますが、いずれも、キリシタンに関連があります。

日本最初の宣教師フランシスコ・ザビエルは大分を訪問、領主・大友宗麟にも会っています。後に、宗麟は、代表的キリシタン大名として名をはせ、日向《ひゅうが》（宮崎）の地に「ムジカ」（讃美）というキリスト教の王国を造ることを夢見るも果たせず、戦いには敗れますが、熱心なキリシタンとして、大分にその信仰の足跡を残して世を去っています。
　ですから、黒田官兵衛が、一五八七（天正十五）年、九州征伐の功績を秀吉に認められ、豊前六郡に着任した頃の九州は、キリシタンの数も少なくはなかったのです。同年六月に、突然、秀吉が、伴天連追放令を命じ、九州にも迫害の嵐は吹きますが、数年後には、再び、勢いを取り戻して行きます。当時、長崎と大分には、それぞれ、数万人を数えるキリシタンがいたとされています。

　官兵衛が、天正十五年の秀吉の九州平定後に、豊前六郡（十二郡あるうちの半分）を拝領、その年の三月には、中津において行われたキリスト教の祝祭・復活祭において、息子・長政《ながまさ》、弟・黒田直之、大友義統《よしむね》、毛利秀包《ひでかね》、熊谷元直、岐部《きべ》左近などが、官兵衛の薦めもあって、洗礼を受けています。これは伴天連追放令の三か月前のことです。
　当時の官兵衛についてフロイスは「片方の手で、つねに戦いの用務にたずさわりながら、他方では改宗の仕事に従事していた」と書いています。

駆け足人物伝

大村純忠（一五三三〜一五八七）

　日本最初のキリシタン大名。肥前国高来の領主・有馬晴純の次男。大村の領主・大村純前《すみさき》の養子となり、五〇（天文十九）年、家督を継ぐ。キリスト教とポルトガル貿易に関心を示し、イエズス会宣教師と交渉、領内の横瀬浦を開港してポルトガル船が入港する。六三年に受洗し、洗礼名はバルトロメイ。その後、長崎港を開港。長崎はキリスト教伝道と貿易の中心地とな戦国大名は、多くの側室を侍《はべ》らすことが当たり前のことでした。しかし、官兵衛は、キリシタンとして、一夫一婦を生涯にわたって貫きます。一方で、官兵衛は、仏僧や神主など他宗教の宗教家に寛容で、それを偶像礼拝だと迫害したり排除することはしませんでした。妻の光《てる》にも信仰を強要しなかったため、妻は生涯浄土宗の信者でした。このような官兵衛の信仰者としての姿は、右近のような信仰に命をかけた生き方と比較され、生ぬるい信仰と評されることもありますし、絶妙なバランス感覚と評価することもあるようです。

ただ、残念なことは、このような父親の姿に、息子の長政は倣ったためでしょうか。これは官兵衛亡き後十年目のことになりますが、一六一四（慶長十九）年、徳川家康が日本全国へキリシタン禁制を発令した後、福岡を統治していた長政は、嫡男・忠之《ただゆき》の将軍謁見《えっけん》と元服式の際に幕府要人から博多教会閉鎖の要求を受けたこともあり、いち早くこれに着手したのです。宣教師に対して、その経緯や理由を丁寧に説明しながらも、その年の十二月、福岡の教会の閉鎖と、司祭らの長崎退去を求めています。

る。

八二（天正十）年、大友、有馬両氏と共に、天正遣欧少年使節を派遣。これ以前に、肥前佐賀の龍造寺氏の圧迫を受け臣下となるが、八四（天正十二）年、龍造寺隆信が島津・有馬連合軍に敗れ戦死、その支配から解放された。

八七（天正十五）年、大村氏は豊臣秀吉の九州平定に従い旧領を戻されるが純忠《すみただ》はその直前に死去。信仰を貫いた生涯だった。

晩年の官兵衛を描いた「黒田如水像」。福岡市博物館所蔵

博多の教会

中津城主として十三年、その間、官兵衛は数々の戦闘に、秀吉の命を受けて関与していますが、秀吉の没後、一六〇一（慶長六）年には、前年に移封された筑前・福崎の地を福岡と改称し、ここに城郭を築くことになります。しかし、福岡の統治は息子・長政《ながまさ》に委ね、以後は、一線から身を引きます。

一六〇二（慶長七）年、長政は、官兵衛やその弟・黒田直之（洗礼名ミゲル）の強い要望もあって、博多にキリスト教の教会を再建しています。博多には、かつて、大友宗麟《そうりん》が与えた広大な用地に教会堂が建てられていましたが、火事で焼失、その後も、教会は再建されますがそれも戦乱で焼失、伴天連追放令のため、以後、博多には教会はありませんでした。

当時は、徳川家康の時代です。当初は、家康はキリシタンに対し、その動向を静観する様子でしたが、司祭たちの居住地を、京都、大坂、長崎に定め、キリシタンをこれ以上増やさないよう通達していたので、教会堂建設に当たっても、厳しい規制がありました。博多の教会堂の建て物は、教会の外観を呈しないこと、金持ちの家屋であるように外装する、仏教徒の抗議があるので布教《ふきょう》は万事控え目に、用心深く行動する、などがその条件でした。

家康がキリシタンに警戒心を次第に強めていくのには理由があります。当時、日本全国には約五十万人のキリシタンがいたと言われ（新カトリック大事典参照）、秀吉のキリシタン禁止令以後も、減るどころか、増える傾向にあったキリシタンの勢力は、家康にとっても脅威であったと考えられます。
ですから、新しい教会堂は、従前の大友宗麟が与えた敷地ではなく、人の目の届かない場所に建てられたと考えられています。残念ながら、調査は進められているようですが、この教会堂跡は、未だ発見されていません。ただ、この教会の手掛かりとして、「筑前国続風土記付録」に次のような記述があります。

「此町に当山配下の実相院と云修道者あり、（中略）此実相院が祖を大学院梅栄と云。肥前唐津領の者なり。（中略）此所は、もと、耶蘇宗の寺跡なりとて、怪異の事有しか、梅栄祈祷して基験有しにより、長政《ながまさ》公この宅地を賜ひて、永く、町役を免除し給ふといへり」（論文・井澤洋一「福岡藩領内におけるキリシタンの動向と考古資料」海路二〇一〇年）

この時、如水（官兵衛）は、自分の名義で蔵を、直之は建物を寄進、聖堂、僧院、児童教育施設を備えた教会が完成したのです。もっとも、外観は教会とは分からない様な商人の豪邸風の作りであったといわれています。ただ、この時にも、司祭一名、修道士二名がここで奉仕しており、福岡地方では拠点として活動した教会でした。

福岡の郷土史家・井澤洋一氏が論文に書いています。「イエズス会日本年報によれば、慶長七年に博多の教会が再建され布教《ふきょう》が再開されると、権威ある仏僧が、長政に〝当地にいる伴天連と居留満（イルマン）はこれ見よがしにその職務を行っている。（中略）この件が内府様家康の耳に届き、何らかの災いが殿に起こらざるを得ないだろう〟と進言し、長政を怒らせたため、神父と修道士は直之がいる秋月へ避難したとある。しかし、長政は、如水（官兵衛）の悲嘆をくんで、その同じ場所をのちに宣教師に与えた」（論文・井澤洋一「福岡藩領内におけるキリシタンの動向と考古資料」海路二〇一〇年）

これは、後に信仰を捨てる長政も、父親のためには様々な配慮をしていたことが伺われる文章と言えましょう。

一六〇四（慶長九）年三月二十日、黒田如水（官兵衛）は、伏見の福岡藩の藩邸で、生前予告した通りの、辰の刻（午前八時頃）に息を引き取りました。享年五十九歳でした。

最期に、如水は、司祭を呼んで来て欲しいと願いますが、それは実現しませんでした。ただ、自分の遺体を博多の教会に葬るよう遺言を残していました。息子の長政はそれを守り、遺体を船で博多まで運び、葬儀は博多の教会でキリスト教式で行われました。なお、如水は、生前に博多の教会に多額の献金をしています。

イエズス会日本年報に、黒田官兵衛の葬儀がキリスト教式で行われたこと、それが、列席した人々に感動を与えたことが記されています。

「如水シメアンは日本の宮廷のある伏見の町で死去した。（中略）そして、彼ら（異教徒）は、キリシタンが埋葬を行った方法、その信心ときれいさと調和を賞賛してやまなかった」（一六〇四年十一月二十三日

付「イエズス会日本年報」、播磨学研究会編「黒田官兵衛」より引用）

前にも紹介しました様に、日本で、人々を感動させる弔いの儀式を初めて行ったのはキリシタンたちでした。博多の教会で執り行われた黒田官兵衛の葬儀には、キリシタンだけではなく、博多に住む官兵衛を慕う人々も参列したようで、神への讃美が会堂いっぱいに溢れたその光景は参列した人々の心に熱いものを呼び起こしたにちがいありません。

「バシェー『日本耶蘇史』によると、黒田長政は、慶長九年、父・如水が伏見で没すると、その遺言に基づき遺体を博多の教会へ送らせ、1000クルザード以上を献金。仏僧が遠くから見守るなか華麗なキリシタン葬を営んだ。そして彼は、宣教師らに謝意を表して、食事を相伴《しょうばん》し、米1000俵を寄付したり、また、家臣が洗礼を受けて、キリスト教徒として生活するのを許すなどした。このため同年中に洗礼を受けた者は、筑前の博多、秋月など各地で約八百人におよんだという」（論文・井澤洋一「福岡藩領内におけるキリシタンの動向と考古資料」海路二〇一〇年）

✠高山右近の最期

黒田官兵衛がその五十九年にわたる地上の生涯を終え、博多の教会で葬儀が執り行われた頃、高山右近は、前田家あずかりの身となった金沢で、精力的な布教《ふきょう》活動を行っていました。とはいえ、右近自身は信徒の身であり、直接の布教活動はイエズス会の司祭たちが行っていました。金沢には、領主・前田利家《としいえ》の理解もあり、教会も建てられ、多くのキリシタンも生活しており、その状況の下、右近は、この年、京都から一人の司祭を招き、半年の長きにわたり、北国での伝道に協力しています。右近はその費用を一切負担しています。官兵衛の没後、右近には、さらに十年の月日が残されていましたが、年代で右近の行状《ぎょうじょう》を追うとこうなります。

一六〇五（慶長一〇）年　念願の南蛮寺（キリスト教会）を金沢に建設。太田牛一著「信長公記」には「金沢にても紺屋坂という坂辺りに南蛮寺を立てたり」とある。

一六〇八（慶長十三）年　金沢の南蛮寺において、盛大で荘厳なクリスマスのミサが捧げられた。この当時、司祭一人、修道士一人が金沢に在駐し、右近は、金沢あげてのクリスマスを挙行したことになる。

一六〇九（慶長十四）年　前田利長、高岡城富山の築城を右近に委ねる。工事は八月に終了。

一六一〇（慶長十五）年　右近の娘の夫・横山康玄《やすはる》洗礼を受ける。

一六一一（慶長十六）年　この年、金沢における大人の受洗者およそ二百五十名。

一六一二（慶長十七）年　徳川家康、駿河（静岡県）のキリシタンを迫害。この迫害の知らせを受けると、前田利常は右近に棄教をさせようと努めるも、横山大膳は、その無益なるを悟らせる。

そして、一六一四（慶長十九）年正月、徳川家康は、遂に、キリシタン追放令を発令、ポルトガルやスペインから来日したすべての宣教師の追放命令を下したのです。その命に従った加賀藩主・前田利常は、右近に対し、金沢在住のジョアン・バエサ神父を長崎へ送ることを命じています。そして、神父の出発の三日後、高山右近、内藤如庵に追放命令が下ったのです。

金沢を出発した右近一行は、冬の北国街道を警護の者に見守られて、徒歩で進み、十日後には、近江坂本に到着。坂本では、なぜか一か月も留めおかれています。この道行には、右近だけではありません。夫人も同行したのです。それだけではありません。加賀藩筆頭家老・横山長知《ながちか》の嫡男・康玄《やすはる》に嫁いでいた娘ルチアも、離縁を願い出て、両親に同行しています。また、すでに死んでいたとされる右近の長男・如庵《じょあん》夫妻の十六歳から八歳までの五人の子どもたちも、祖父母と共に行くと譲らなかったのです。

一行は、大坂を経て、こんどは航路で長崎に送られます。長崎では、トードス・オス・サントス教会に収容され幕府の役人の監視下で、八か月ほど留め置かれています。なお、収容された教会は、現在、曹洞宗春徳寺がある場所にありました。

一六一四（慶長十九）年十月六日と七日、およそ四百人のキリシタンの指導者や宣教師が、数隻の小型船やジャンク船に乗せられて、マカオとマニラへと出発しました。

右近とその家族を加えた一行は、八日、二隻の古いジャンク船に分乗して、他に、およそ三百五十人のキリシタンやペドロ・モレホン神父ら宣教師たちと共に、マニラへと向かったのです。

時あたかも、家康の天下取りの総仕上げの頃です。右近たちが、長崎を出航した翌月には、大坂冬の陣が始まっています。家康は政権を強固なものとするために、豊臣側の勢力をつぶすことに躍起になっていました。一行がマニラに向かって出港した三日後のこと、状況を知らない豊臣秀頼は、なんと、長崎に使者を送って、右近に家康討伐軍の総大将として活躍して欲しい旨を伝えたのです。もちろん、右近はすでに海の上で、それを聞くすべもありませんでした。

家康は、右近を処刑せず、なぜ、海外追放としたのか。色々な説がありますが、秀頼に忠誠を尽くす武将にはキリシタン大名の子息がおり、その勢力は決してあなどれないものでした。ですから、右近を死に追いやることは、それらの武将の家康への反感の思いに火を注ぐことになります。それを避けたかった、というのが家康の思惑ではという説が有力です。

マニラへの船旅はおよそ一か月続きました。古いジャンク船でのマニラへの航行は、激しい嵐に悩まされ、食料不足も深刻でした。病気になる者も多く困難を極めたのです。しかし、右近の心は平安に包まれていました。秀吉の伴天連追放令が出た時も、殉教の死を受け入れようとした右近です。マニラへの旅は、おそらく、天国（パライソ）へと続く道と思い定めていたのではないでしょうか。

未知の国への旅は、予想もしないような結果が待っていました。一六一四（慶長十九）年十二月二十一日、マニラ港に到着した一行を待ち受けていたものは、想像もしなかった歓迎の嵐だったのです。右近のキリシタン大名としての名声はマニラの地にも伝わっていました。

海岸には、スペイン総督、政府の代表者、イエズス会やフランシスコ会の司祭らが駆け付け、温かな歓迎を受けます。それだけではありません。町中の人々が波止場に集まり、要塞からは一斉に祝砲が放たれたのです。高山右近や内藤如安は、まるで、王様のように迎えられました。

教会の鐘が一斉に鳴り響きました。カトリックの大司教、および高位聖職者が、華麗な祭服を着て大聖堂に一行を迎えました。そして、荘厳なオルガン演奏のもと、神（デウス）への感謝の祈りが捧げら

カトリック小豆島教会にある高山右近像

れたのです。

「それは大洪水の後に箱舟から出て来たノアにも似ていた。ジュスト右近が夫人、娘、五人の孫を引き連れて先頭に降りてきた様は、ノアが七人の家族を連れて箱舟から出て来たのとそっくりである」（高橋敏夫著『高山右近を追え！』）

ニコラス・ドリゴーの『日本殉教史』には右近と家族が船から降りて来る様子を、そう表現しています。

マニラに到着した右近とその家族には、日本人居留地の近くにある、スペイン風の家屋一軒が与えられました。しかし、右近の体は重い病に冒されていたのです。

到着後、四十日目で、高熱で倒れます。追放後の過酷な日々が、そして、嵐の中の船旅が六十歳を越えた右近の身体を極限にまで弱らせていました。高熱にうなされながら、最期の時を迎えた右近から、繰り返し語られたのは、「わが主を仰ぎ見行かん」という言葉だったと言います。

最期の枕辺で、モレホン神父に語った言葉が残っています。

「私は、死ぬことを知っております。しかし、家族を悲しませないためにそれを言いません。私は神様の御心のままに生きてきましたので、大きな慰めを得ています。キリストのために追放されてこの国にまいりまして、多くの人たちの愛と祈りの助けに囲まれて死ぬことができることは何という感謝なことでしょう。私は妻、娘、孫たちについてもいささかの心配もありません。彼らもキリストのために追放されてきたのですから。彼らが私の示した愛と、ここまで私と共に来てくれた信仰の従順を大いに尊重しております。彼らは主のためにこの外国まで来ておりますので、主が彼らにとって真の父親になってくださることを信頼しておりますので、何一つ彼らについて心配することはありません」（高橋敏夫著『高山右近を追え！』）

一六一五（慶長二十）年、二月三日夜半、キリシタン武将・高山右近は、波乱に富んだ六十三年の地上の生涯を終え、天の故郷へと旅立ちました。死の前、モレホン神父に右近はこう尋ねたといいます。

「人々がこれほどの名誉を与えてくださるにふさわしいことを、私がしたのでしょうか？」

右近の遺骸は、マニラ市内にあるサンタ・マリア教会内の墓地に葬られました。墓の上には右近の肖像画が掲げられました。後に、この教会は地震によって崩壊したため、右近の遺骸は、イエズス会サン・ホセ学院の聖堂に移されます。

しかし、右近の遺骸は、戦争や地震、火災など激動する時代の変遷によって、その所在は現在も不明ということです。

今、マニラに行っても、右近の当時の思い出となるような遺跡を観ることはできません。ただ、一九七七年、かつて日本人街のあった所に近いとされるディラオ広場に、右近の銅像が建立されました。これは、現在、高槻城跡公園にある銅像と同じものだということです。

終章　一六三七（寛永十四）年・島原

おそらく、最も激しいキリシタン迫害が行われたであろう長崎県・島原の地を訪れました。現地の史蹟やゆかりのカトリック教会で知ったことは、涙なくしては読めない殉教者たちの血の証言です。そこで、あまりの悲惨さに圧倒されながら、いくつもの問いが、筆者の頭の中を駆け巡りました。――人はこれほどまでに残酷になれるものなのか、日本人とは何なのか、命より大切なものがあるとするならそれは何なのか――かつて、徳川時代に二百六十年にわたって鎖国を続けてきた日本では、その間、キリシタン禁制という厳しい法令が布かれました。幕藩体制を維持するためには、将軍に対する忠誠が第一義です。しかし、キリスト教は唯一の神を信じ、崇めていますから、人心を徳川家につなぎとめるためには、キリスト教の存在は障害以外の何物でもないと考えられたのです。しかし、それは、〝愛と赦し〟という人間にとって最も美しい心を封殺してしまう結果を招くことになっていったのです。

一六一四（慶長十九）年、それは、闇の時代の始まりであるキリシタン禁制が発布された年であり、天を想う生涯を貫いた高山右近が、マニラで、地上の苦しみから解き放たれた前年でもあります。最終章の物語は、その十三年後、島原で起こった悲惨な出来事から始まります。

✠一六二七（寛永四）年・島原

一六一四（慶長十九）年、徳川家康がキリシタン禁教令を発布した時、キリシタン大名の中には、恐

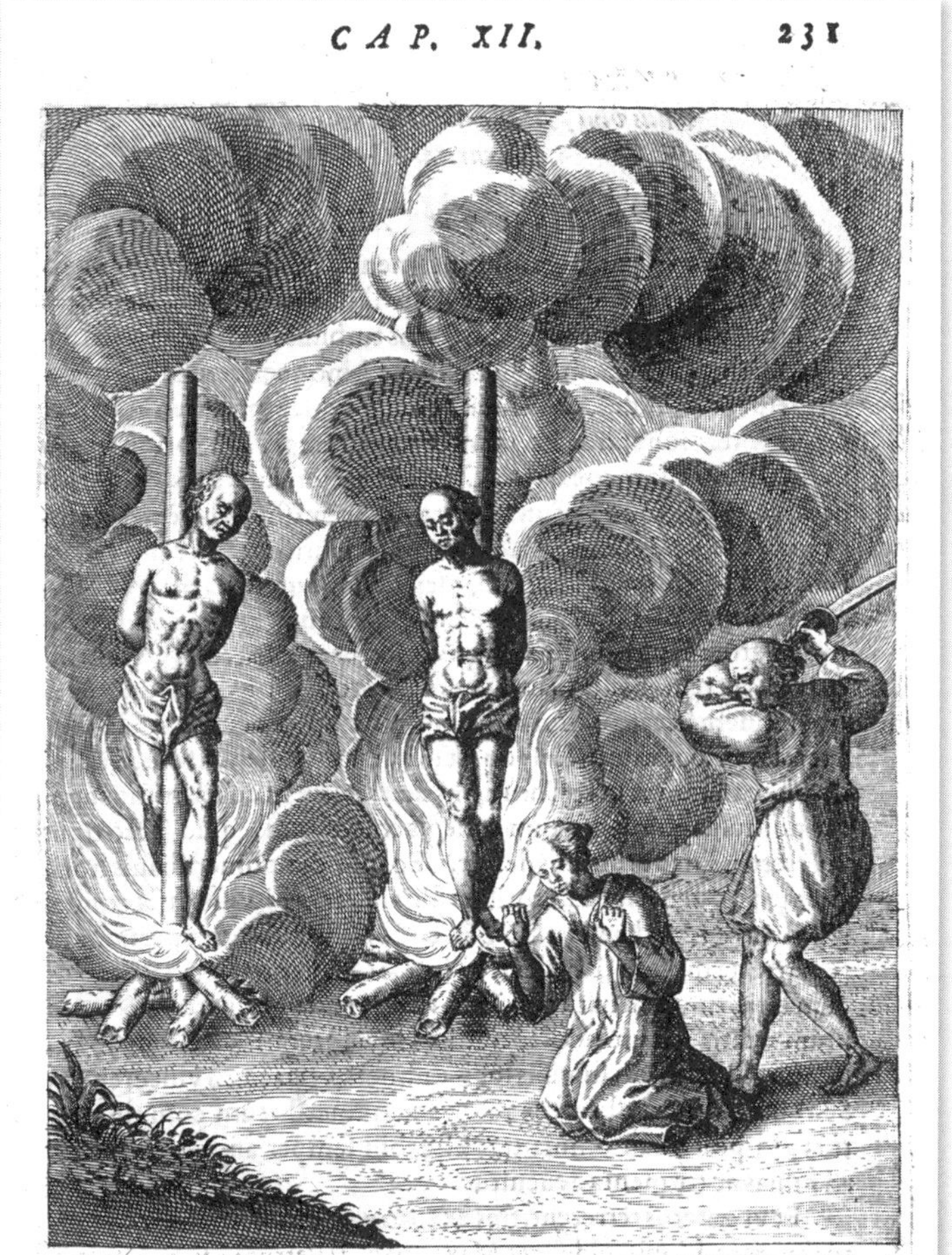

イエズス会宣教師が1612年から1920年の日本の布教や迫害状況を記録した「日本におけるキリスト教の勝利」挿絵。大分市歴史資料館所蔵

れから背教をした者も出てきました。島原半島の領主・有馬直純もその一人です。

この年、直純が日向延岡《ひゅうがのべおか》に転封された折、家臣・内堀作右衛門は、禄《ろく》を捨てて、島原に留まり、信仰を守る道を選びます。当時、多くのキリシタンが居住していた島原で、作右衛門は藩の中でも人望は高く、キリシタン信者の代表として、宣教師を助け、宿を貸し、信者たちのまとめ役でもありました。

悲劇は、一六二七（寛永四）年二月二十一日に起こりました。当時、キリシタン狩りで、島原城の牢屋に捕えられていた三十七人の内、十六人に対し、死刑宣告が下されたのです。もし、信仰を捨てないなら、指を一本ずつ切り取り、そのあとに、海に沈めるという実に残酷な処刑が待っていました。

十六人のキリシタンの中には、作右衛門の三人の息子たちも入っていました。この拷問は、呼び集められた家族の目の前で見せしめとして行われたのです。

最初に、名前が呼ばれたのは次男のアントニオです。この十八歳になった青年は、奉行が命じるままに、板の上に手を広げました。キリシタンは家畜にも劣る者として、刑の執行人は、指は二本ずつあれば十分と、六本の指を一本ずつ切り取って行きます。アントニオはひるむことなく、指を一本ずつ差し出し、苦しい表情も見せず耐え抜いたといいます。

「アントニオ、よくやったぞ」。兄のバルタザルが叫びました。そして、自ら、同じ様に、信仰を捨てることを拒否、キリストのために苦しむ道を選び取ったのです。

最後は、まだあどけない五歳のイグナチオです。最初に、右手の人差し指が切り落とされました。この幼子は、手を顔近く上げて、真赤なバラの花を見るかのように、傷口から滴り落ちる血を見つめていました。不思議です。イグナチオは、左右六本の指が次々と切られていっても、泣き声ひとつたてず、苦しみもしませんでした。

拷問はさらに続きます。血まみれになった十六人の囚人は、衣服をはぎ取られ、船着き場に連行されたのです。大小三隻の舟に乗せられ、海岸から百メートルほど沖の深みに、首と足を縛られた状態で、投げ込まれました。冬の身を切るような海です。そこに、一人一人、沈めたり引き上げたりして、信仰を捨てろ、と迫ります。しかし、誰もその心を変えません。

最初に絶命したのはアントニオでした。「お父さん、こんな大きなお恵みのために神に感謝しましょう」。そう言って、彼は息を引き取りました。

作右衛門の目の前で、惨劇は続きました。バルタザル、そして、幼いイグナチオが、死体となって海から引き揚げられた時、見ていた人々は、作右衛門に、イサクを捧げたアブラハムの姿を思い起こさせたのです。

息子たちの殉教に立ち合った作右衛門は、島原城に連れ戻されます。息子達と同様の拷問が待っていました。息子達と同じように、合計六本の指を切り落とされ、顔には、「切、支、丹」の三文字の焼き印が押され、着物には「キリシタン故に罰せられる、宿を与えてはならぬ」と書いた布を縫い付けられて寒風吹きすさぶ城外に放り出されたのです。

しかし、これで、終わったわけではありません。拷問を受ける間、作右衛門は、静かな心をもって祈り、この苦難に耐えたのです。その姿は、罰する者の心をかき乱します。何をしても信仰を捨てない、と悟った奉行・豊後守は、最後の手段に出ます。雲仙の地獄攻めを宣告したのです。

島原の殉教から一週間後の二月二十八日、作右衛門をはじめ、再び捕えられた十六人のキリシタンは、夜明けに牢を出発、祈りを唱え、讃美歌を歌いながら、今村刑場前を通り、登山道を一歩一歩登って、ようやく、温泉地獄にたどり着きました。

役人たちが一休みしている間、パウロという洗礼名の作右衛門は、番人たちに、自分たちが命を捧げる唯一の神について語り、弱った仲間を励まし続けました。

キリシタンたちは裸にされ、首には縄がつけられ、「一人ずつ湯に飛びこめ」と命じられましたが、作右衛門は、「自分たちから入らず、執行人に突き落とされるのを待つように」と注意します。その言葉に役人たちは怒り、「勇気のない奴め」とののしり、作右衛門を最後まで残し、逆さづりにして、何度も煮えたぎる泥湯に落としては引き上げたのです。そのたびに、彼は「ご聖体は讃美させられたまえ」と唱え続けました。その後、役人はすべての殉教者の体を熱湯から引き揚げ、石を縛り付けて泥湯の中に投げ込んだのです。その時は、もう、雲仙岳の頂上は冷たく夕暮れが影を落としていました。

三か月後、残されたキリシタンの処刑が、もっと残酷な方法で行われました。「どんな拷問でも転ばない信者はみな、雲仙地獄で処刑せよ」との命が出て、再び島原城の大手門から進み出た殉教者の中には、二人の女性も入っていました。弱って自分で立てないその女性マリアは担架で運ばれます。

前に殉教した人々と同じ道をたどり、雲仙岳に登る途中、故郷を一望できる場所に着きます。そこで、ジョウチン峰助太夫という信徒が詠んだ別れの詩が残っています。

「はるかなる パライソを身近に 今ぞ見き この喜びに 心高鳴る」（ジョウチン峰）

（今までパライソ［天国］は遠いところにあると思っていたが、いまこれほど近くに見て私の心は喜びおどる）

地獄谷に着くと、今回は前よりもっと拷問をゆっくりして、苦しめるために、柄杓《ひしゃく》が用意されました。男女の区別なく裸にされ縄で縛られました。岩に坐らせたり、横たえさせて、煮えたぎる熱湯を柄杓に汲んでは、じわじわと体に注ぎます。この間、声をあげて祈れないように、口には縄のさるぐつわをかませたのです。

特に、ジョウチン峰は、動きもせず、声も漏らさないので、怒った執行人は、脇差しで、峰の体中をめった刺しにしました。それでも、峰には息がありました。するとその傷口に熱湯をかけられたのです。拷問を開始して、もう六時間が経過していました。執行人も疲れ果て、最後は、キリシタンを一か所に集め、休みなく熱湯をかけ続けました。そして、全員が息を引き取った後、すぐに、遺体に石を縛り付け地獄の熱湯の中に投げ込みました。

その日、地獄谷周辺の丘には、殉教者の血汐を想わせるように、真っ赤なつつじが咲き乱れていたといいます。（「殉教者の道をゆく」発行・島原カトリック教会参照）

一六三七（寛永十四）年・島原の乱

肥前（現・長崎県）の島原半島はもともと、有馬晴信の本拠地で、肥後（現・熊本県）の天草島は小西行長の父方の故郷でした。行長は、黒田官兵衛を高山右近と共に信仰に導いた人物です。ふたりは共に、キリシタン大名として影響力を及ぼし、この地域は家臣にもキリシタンが多く、宣教師アルメイダの布教《ふきょう》活動や、有馬にセミナリオ（神学校）が設立されたこともあって、島原半島・天草諸島一帯には、多くのキリシタンが住んでいたのです。

一六一六（元和二）年、大和から松倉重政《しげまさ》が、新領主として島原半島に入り、居城を島原に構えます。実は、その二年前に、キリシタン禁教令が発布され、松倉氏もキリシタンには厳しい処罰を科す領主だったのです。

島原地方の領主として君臨する松倉重政は、かつて見ない様な残虐な迫害を始めます。キリシタンだと分かると、水責め、雲仙岳の熱湯拷問など、残忍極まりない弾圧が続き、それでもなお、棄教、改宗しない者は、凌辱の末、殺害したのです。

現在の島原城は、戦後、新たに復元されたものですが、今は城内にキリシタン時代の貴重な資料が展示されており、その展示物の中に、木版のお触れ状がありました。キリシタンを見つけ、奉行所に密告したら、銀五百枚がもらえると書いてあります。大変な報酬です。おそらく、この密告で多くのキリシタンが逮捕され処刑されたことが伺われます。そのお触れ状には、「立上り」を密告しても報酬が出ると書かれていました。「立上り」とは、激しい弾圧でその信仰を一度は捨てたキリシタンが、再び、悔い改めて、信仰に立ち返ることをいいます。そのような人々が、島原には多くいたことは驚きです。

松倉重政は、一六三〇（寛永七）年に他界しますが、その跡を継いだ子の勝家も農民にとって、過酷な年貢の取り立てを行っています。本年貢《ねんぐ》、小物成《こものなり》、運上《うんじょう》などの諸税の他、新生児に対しは頭銭《あたません》、死者に対しては穴銭《あなせん》まで課すありさまです。

しかも、寛永十年以来の凶作は農民の生活を極限にまで圧迫したのです。税を滞納、延納でもしようものなら、蓑《みの》踊りと呼ばれる凌辱が加えられ、両手を背後で縛られたうえ、蓑に火をつけて焼死させるなど、支配は残虐を極めました。

こうしたなかで、一六三七（寛永十四）年十月、松倉氏の島原領内で、数千人のキリシタン農民が蜂起したのです。当時、信者のほとんどが迫害を恐れ、表向きには仏教に改宗していましたが、キリシタンへの「立上り」によって、蜂起したのです。

「立上り」とは信仰の復興を意味します。一旦は、キリシタンの信仰を捨てた人々です。では、どうして、彼らは、信仰に復帰したのでしょうか。

ここに、一人の信仰的指導者が登場します。それが天草四郎時貞《ときさだ》です。小西行長の旧臣・益田甚兵衛の子と言われるこの当時十六歳の青年が、蜂起の先頭に立ったのです。しかも、彼の存在は、多くの棄教したキリシタンを「立上り」させました。

なぜ、天草四郎が一揆の首領となったのか。様々な奇跡を起こしたと言われています。それに加え、天草から追放された宣教師マルコスの予言のなかに出て来る指導者像が、ぴったりと天草四郎に当てはまったとも言われます。

しかし、四郎が実際に戦闘の指揮を執って戦ったというわけではありません。蜂起した農民たちの精神的支えとして、彼らを励まし鼓舞したのです。彼は、祈りに多くの時間を費やしたと言われます。

天草でもキリシタンが蜂起します。それを機に、島原の一揆勢は、天草の一揆勢と合流、富岡城を攻めます。城主・三宅藤兵衛を討ち取りますが、攻撃には失敗、島原に撤退します。

ここから、天草四郎は、三万七千人もの一揆勢を従えて原城址に立てこもり、十二万余の兵力を結集したキリシタン討伐軍と対峙することになるのです。幕府は、キリシタンは国を奪う逆賊であり、邪

マリア観音。命をかけて信仰し続けた日本のキリシタンたちは、この像の向こうに神のリアリティを感じたのかもしれない。写真：ウィキペディア

教として徹底的弾圧を加えました。
「春の城」と呼ばれた原城は、有馬貴純《たかずみ》が築いた本城で三方が海に面した天然の要塞です。松倉氏の島原城築城後、廃城となっていたところを、一揆勢が修復して拠点としていました。武器や食料は口之津にあった松倉氏の倉庫から奪取して、籠城に備えました。

三万七千人もの一揆勢は、幕府にとっても脅威です。なかには、キリシタンではない農民も多くいましたが、天草四郎の敬虔な信仰者としての姿に接し、籠城中に、信仰に目覚める者も出て来ました。子供をはじめとして、ほとんどの人々は、神（デウス）への信仰とパライソ（天国）への希望を抱いて戦いに参加していたのです。農民の群れにしかすぎなかった一揆勢が、十二万にも及ぶ兵士の攻撃を受けながら、三か月にわたり籠城戦を戦うことができたのは、この信仰による一致の心が大きいと言われています。

キリシタンの蔓延《まんえん》とキリシタン信仰の根深さに脅威《きょうい》を抱いた幕府は、島原一揆鎮圧のために板倉重《しげ》昌《まさ》、石谷貞清《いしがやさだきよ》らを派遣しました。
寛永十四年十二月十日、キリシタン排撃の幕府軍は原城総攻撃を始めますが、堅い守りに阻まれあえなく敗退、翌一五年元旦、原城攻めを命じた板倉重昌《しげまさ》も、一揆衆の銃弾を受けて即死。この間、天草四郎は、城内に建てた礼拝堂で祈り続けていたといわれます。

松倉重昌の死後、幕府軍の総指揮は老中・松平信綱《のぶつな》が執ることになりました。信綱は、兵糧攻めを画策します。同時に、長崎港に停泊していたオランダ船に助けを求め、その艦船から艦砲射撃が九発なされましたが、外国に援助を頼むのは武将の面目がつぶれると信綱はそれを中止、ついに、二月二十八日、原城の本丸への総攻撃がなされ、一万七千人の武器を持った農民たちは全員が玉砕したのです。

原城址には、二万人余の女、子供が生き残っていました。この時、城址に侵入して来た幕府軍は、「信仰を捨てよ」とキリシタンに迫ります。しかし、ほとんどの人が、それに従わなかったと言われています。大虐殺が始まりました。ある者は打ち首になり、ある者は堀の中に生き埋めとなりました。後年になって、原城跡の発掘がなされた時、そこには、累々とした無数の遺体が発見されたのです。

島原の乱はこうして終結しました。天草四郎も戦死、彼のものと思われる遺体の首をはね、さらし首にしたというのですから残酷です。

この戦いの後、荒廃した島原、天草一帯では、農村復興が進められる一方、幕府は、キリシタン狩りをさらに強め、信徒を密告した者に金銀の褒美を出すなどして、キリシタン禁制をさらに強化して行ったのです。

一八六五（慶応元）年・長崎

明治中期頃に撮影された「大浦天主堂」。一八六四（元治元）年に建てられ、翌年献堂された。長崎大学附属図書館所蔵

「長い長い空白の後、カトリック司祭が再び長崎を訪れ住むようになったのは、一八六五（慶応元）年三月のことである。再び教会が開かれた二、三日後、浦上村の人々がやって来た。自分たちはキリスト教徒である。どうか、司祭に浦上に来てほしい、と懇願した。ところが、司祭たちが、浦上を訪れたのはその二年後のことだった。村に着いてみると、浦上村の人々のほとんどがキリスト教徒であることが分かった。しかも、教えを受けたいという飢え渇きは大きかった。だが、時代は、まだ、キリシタン禁制の世である。司祭は今のところ、何もできないと答えた。そして、信仰が政府（幕府）に知られないように隠れて信仰生活を守るように進言した。ところが、村人の反応は全く違うものだった。自分たちがキリシタンであることをみなに知らせたい、死ぬ覚悟はできているので、信仰を捨てるより死んだ方がましだと言ったのである。彼らは、教会に入りたいと言ってきかず、司祭が止めようとしてもダメで、押し問答する光景が何度も見られたという」（ノース・チャイナ・ヘラルド紙・一八七〇年三月一日号）

鎖国時代の二百六十年という長い長い空白期間を経て、一八六四（元治元）年、長崎の居留地内大浦に、カトリックの天主堂が落成しました。そして、翌一八六五（慶応元）年、この大浦天主堂で、浦上の潜伏キリシタンであった旧信徒と、ここに着任し活動を始めていたプティジャン神父との劇的な出会いが実現したのです。

しかし、この時代、日本はまだ、キリシタン禁制が布かれていました。その禁制が解かれたのは、九年後の一八七三（明治六）年のことでした。

「東山手から大浦天主堂を望む」。中央左奥に天主堂が見える。
1877（明治 9）年頃撮影。長崎大学附属図書館所蔵

CHINA UND JAPAN
von W. BURGER.
Ansicht von Nagasaki

おわりに

一八七一（明治四）年、勝海舟が出した文書に「耶蘇教黙許意見《やそきょうもっきょ》」という大変興味深い建白文書があります。内容は、当時、禁制のはずのキリシタンが、また長崎を中心に台頭してきていることに頭を抱えた西郷隆盛が、海舟にどうしたものか、と相談しているところから話が始まっています。

西郷の問いかけに、海舟は、こう答えています（現代語訳）。

「取り締まったりせず、今は、静観するべきではないか。宗教の問題に政府が圧力をかけるべきではない。もし、そんなことをすれば、結局、罪なき数万の人々の命を奪うことになる。そうなれば悲劇が起こる。あの島原の乱は、キリシタンの教えにすがって、農民が一揆を起し、幕府は天下の兵を動かして、それを征圧したが、住民数十万が殺されたではないか。今は、そんな時代ではない。開国して、多くの外国人が日本に来て、年々、その数を増している。その様な状況があって、昔のような考えでこの問題に取り組んでいると、国を治める

ことができなくなるのではないか」

海舟が、島原の乱の犠牲者を数十万としているのは、史実とはちがうものの、彼が言いたいことは、二度と、あの悲劇を起してはならないということなのです。一八七一（明治四）年と言えば、まだ、キリシタン禁制が日本全国に布かれていた時代です。ですから、明治という新しい時代になっても、新政府の要人は、キリシタンを弾圧することが、国際法上、どれだけ常軌を逸したものかに気付いていなかったのです。

当時の、明治政府の重鎮たちは、たとえば木戸孝允にしても、キリスト教に強い偏見を持っていたといわれています。彼が、その考えを間違っていたと反省したのは、一八七二（明治五）年、アメリカで新島襄と会ってからなのです。

西郷隆盛は、勝海舟に相談したくらいですから、キリシタン禁制という、二百六十年にわたって日本で実行されていた法令が、どう考えてもおかしい、と思っていたに違いありません。勝海舟は元・幕臣で、負け組です。ですから、新政府の重責を担っているわけではありません。しかし、西郷をはじめ、当時の指導者たちは、たびたび、海舟に相談を持ちかけています。「耶蘇教黙許意見」もそのような背景のなか、出て来た文書なのです。

一八七三（明治六）年、今考えれば、天下の悪法ともいうべき、キリシタン禁制の令は二百六十年経って、やっと解かれました。あまりにも遅きに失した感が拭えません。その間、キリシタンというだけで拷問を受け無残な死を遂げた十数万の人々の存在は、歴史の闇の中に消え、忘れ去られてきたのです。

二〇一四年のＮＨＫ大河ドラマとして、キリシタン大名・黒田官兵衛の生涯が取り上げら

れると知った時、真っ先に思ったのは、歴史の闇に葬り去られたキリシタンの生きざまが現代によみがえるという期待でした。もちろん、大河ドラマの見せどころは、武将としての黒田官兵衛の活躍でしょう。しかし、この日本の地にも、真実を求め、「天を想う生涯」をつらぬいた指導者たちが確かにいたことを、少しであっても描いて欲しい。

自分を迫害する者のために、「主よ、彼らをお赦しください」と祈ったキリシタンの真実こそ、愛が冷え切ったこの時代に、大いなるチャレンジとなってくれると思うのです。

【主な参考引用文献】

『完訳フロイス日本史・全12巻』（ルイス・フロイス著・松田毅一、川崎桃太訳／中公文庫）
『新カトリック大事典』（研究社）
『日本キリスト教歴史大事典』（教文館）
『ザビエル』（尾原悟著／清水書院）
『播磨灘物語・全四巻』（司馬遼太郎著／講談社文庫）
『わが友フロイス』（井上ひさし著／文藝春秋）
『キリシタンになった大名』（結城了悟著／聖母文庫）
『稀代の軍師・黒田官兵衛』（播磨学研究所編／神戸新聞総合出版センター）
『黒田如水のすべて』（安藤英男編／新人物往来社）
『高山右近を追え！』（高橋敏夫著／いのちのことば社フォレストブックス）
『黒田官兵衛』（浜野卓也著／PHP文庫）
『軍師 官兵衛』（野中信二著／学陽書房）
『エピソードで読む黒田官兵衛』（寺林峻著／PHP文庫）
『キリシタン黒田官兵衛・上』（雑賀信行著／雑賀編集工房）
『我が君主は天にあり・黒田官兵衛伝・上下』（浅黄霞雲著／文芸社文庫）

『黒田官兵衛』（鷲尾雨工著／河出文庫）
『キリシタンの世紀』（坂本陽明著／イー・ピックス出版）
『沈黙』（遠藤周作著／新潮文庫）
『キリシタン禁制と民衆の宗教』（村井早苗著／山川出版社）
『日本宣教の夜明け』（守部喜雅著／いのちのことば社）
『日本史のお値段』（歴史の謎研究会編／青春出版社）
『江戸大研究』（洋泉社ＭＯＯＫ）
『勝海舟 最期の告白』（守部喜雅著／いのちのことば社フォレストブックス）
『蒲生氏郷物語』（横田高治著／創元社）
『蒲生氏郷のすべて』（高橋富雄編／新人物往来社）
『龍馬の夢・沢辺琢磨と坂本直寛』（守部喜雅著／いのちのことば社フォレストブックス）
『代表的日本人』（内村鑑三著・鈴木範久訳／岩波書店）
『現代語訳・ドチリイナ・キリシタン』（宮脇白夜訳／聖母の騎士社）
『殉教者の道をゆく』（島原カトリック教会編・発行）
『福音宣教の過去と未来・ザビエルから始まる出会いをたどって』（佐久間勤編／サン・パウロ）
『福岡藩内におけるキリシタンの動向と考古資料』（井澤洋一／「海路」誌２０１０年３月号・海鳥社）

守部喜雅（もりべ よしまさ）
1940年、中国上海市生まれ。慶応義塾大学卒業。1977年から97年まで、クリスチャン新聞・編集部長、99年から2004年まで月刊『百万人の福音』編集長。現在はクリスチャン新聞・編集顧問。
ジャーナリストとして、四半世紀にわたり、中国大陸のキリスト教事情を取材。著書に『レポート中国伝道』（クリスチャン新聞）、『聖書－知れば知るほど』（実業之日本社）、『日本宣教の夜明け』『聖書を読んだサムライたち』『龍馬の夢』『サムライウーマン 新島八重』（いのちのことば社）などがある。

撮影：石黒ミカコ

天を想う生涯

キリシタン大名 黒田官兵衛と高山右近

2014年3月28日 発行
2014年9月20日 3刷

著者　守部　喜雅

装幀・デザイン　吉田　葉子
発行　いのちのことば社フォレストブックス
164-0001　東京都中野区中野2-1-5
編集　Tel.03-5341-6924　Fax.03-5341-6932
営業　Tel.03-5341-6920　Fax.03-5341-6921

e-mail support@wlpm.or.jp
印刷・製本　モリモト印刷株式会社

ISBN978-4-264-03138-3 C0021